碳中和
理论与实践

THEORY AND PRACTICE OF
CARBON
NEUTRALITY

余红辉 / 主编

中国环境出版集团·北京

图书在版编目（CIP）数据

碳中和理论与实践 / 余红辉主编. -- 北京 : 中国
国环境出版集团，2021.12（2022.5重印）
ISBN 978-7-5111-4969-5

Ⅰ. ①碳… Ⅱ. ①余… Ⅲ. ①中国经济－低碳经济－
研究 Ⅳ. ①F124.5

中国版本图书馆CIP数据核字(2021)第251480号

出 版 人	武德凯	
责任编辑	丁莞歆	
责任校对	任　丽	
装帧设计	金　山	

出版发行　中国环境出版集团
　　　　　（100062　北京市东城区广渠门内大街 16 号）
　　　　　网　　址：http://www.cesp.com.cn
　　　　　电子邮箱：bjgl@cesp.com.cn
　　　　　联系电话：010-67112765（编辑管理部）
　　　　　　　　　　010-67147349（第四分社）
　　　　　发行热线：010-67125803，010-67113405（传真）
　　　　　印装质量热线：010-67113404
印　　刷　北京中科印刷有限公司
经　　销　各地新华书店
版　　次　2021 年 12 月第 1 版
印　　次　2022 年 5 月第 2 次印刷
开　　本　787×960　1/16
印　　张　15.75
字　　数　180 千字
定　　价　88.00 元

中国环境出版集团郑重承诺：
中国环境出版集团合作的印刷单位、材料单位均具有中国环境标志产品认证；
中国环境出版集团所有图书"禁塑"。

序　言

　　我国力争 2030 年前实现碳达峰、2060 年前实现碳中和，是以习近平同志为核心的党中央经过科学论证、深思熟虑作出的重大战略决策。实现碳达峰、碳中和，是我国应对气候变化，实现可持续发展的内在要求、郑重承诺和实际行动，体现了对历史负责、顺应时代潮流、以人民为中心的发展思想，也展现了推动构建人类命运共同体的大国担当。

　　联合国政府间气候变化专门委员会（IPCC）发布第六次评估报告的第一工作组报告，进一步说明人类活动已导致全球气候系统发生了前所未有的变化，气候变化已经从未来挑战变为现实危机。我国主动将面临的气候挑战和危机转化为加速经济社会转型创新的机遇，确定了碳达峰、碳中和目标，全面贯彻落实习近平生态文明思想，立足新发展阶段、贯彻新发展理念、构建新发展格局，采取切实有效的措施，扎实推进生态文明建设，积极构建人类命运共同体。我国是发展中国家，正处于工业化、城镇化进程中，产业结构偏重、能源结构偏煤、科技及基础能力偏弱，全面绿色低碳转型面临巨大挑战，与发达国家相比，实现碳达峰、碳中和目标需要付出更为艰巨的努力。

　　当前，在习近平总书记亲自部署推动下，中央碳达峰碳中和工作领导小组已经制定并正在健全"1+N"政策体系，着力开展以下四个方面的工作。一是坚持系统思维，处理好发展与减排、整体与局部、短期与中长期的关系。处理好减污降碳与能源安全、粮食安全、产业链供应链安全的关系，把碳达峰、碳中和纳入生态文明建设整体布局，融入经济社会发展中长期规划，以经济、社会发展的全面绿色转型为引领，以降碳为重点战略方向，以能源绿色低碳发展为关键，推动减污降碳协同增效，加快形成节约资源和保护环境的产业结构、生产方式、生活方式、空间格局。二是坚持战略思维，坚定不移地走生态优先、绿色低碳的高质量发展道路。坚决遏制"两高"项目盲目发展，促进新旧动能转换升级，加快构建清洁、低碳、安全、高效的能源体系，积极发展非化石能源，"十四五"时期严控煤炭消费增长，"十五五"时期逐步减少煤炭消费。三是坚持创新思维，积极谋划低碳、零碳科技发展战略。推进高效率太阳能电池、可再生能源制氢前沿技术攻关，加快对智能电网技术、先进储能技术、CCUS技术等的研发和推广，加快推动能源体制改革和金融财税等制度创新。四是坚持合作思维，积极开展应对气候变化国际合作。落实习近平总书记"维护多边共识，聚焦务实行动，加速绿色转型"要求，为实现全球碳中和目标，深化与各国在绿色技术、绿色装备、绿色服务、绿色基建、绿色金融等方面的交流与合作，合力保护人类共同的地球家园。

实现习近平总书记宣布的我国碳达峰、碳中和的目标，深入推进上述四个方面的工作，需要企业界、科技界、各级政府、全社会的参与和行动，不断深化碳达峰、碳中和的战略举措，探索实施路径，推进科技创新等工作。很高兴看到由中国林业集团有限公司党委书记、董事长余红辉同志主编的《碳中和理论与实践》一书，该书汇集了来自中国科学院、中国社会科学院、国务院发展研究中心、中国人民大学、北京航空航天大学等国内重点科研院所、高校和中央企业的 20 多位知名专家及青年学者，围绕碳达峰、碳中和的战略举措、实施路径、科技创新三个专题开展了深入研究。该书编写历时半年，经过反复修改，反映了国内学者对我国实现碳达峰、碳中和目标的热切关注和最新研究成果，对开展与碳达峰、碳中和相关的知识学习、政策制定、工作实践具有重要的参考与借鉴作用。

潮平两岸阔，风正一帆悬。实现我国碳达峰、碳中和的伟大事业蓝图已经绘就。在以习近平同志为核心的党中央坚强领导下，期盼政府部门、科研院所、企业、居民和社会各界紧密携手，为应对气候变化、推进绿色低碳循环可持续发展而不懈奋斗！

中国气候变化事务特使

国家发展和改革委员会原副主任

2021 年 11 月 30 日

目录

第三篇 创新实践

第一篇

战略意义

坚持以习近平生态文明思想为指导 走中国特色的碳达峰、碳中和之路

中国林业集团有限公司党委书记、董事长 余红辉

    党的十八大以来，以习近平同志为核心的党中央把生态文明建设摆在全局工作的突出位置，开展了一系列根本性、开创性、长远性工作，推动生态文明建设取得了令世人瞩目、可以载入史册的伟大成就，在实践中系统形成了习近平生态文明思想，书写了生态文明"中国之治"的恢弘篇章。进入新时代，踏上新征程，党中央高瞻远瞩、审时度势，作出了力争2030年前实现碳达峰、2060年前实现碳中和的重大战略决策，即"双碳"目标（或称"3060"战略目标），擘画了建设人与自然和谐共生的现代化，走中国特色碳达峰、碳中和之路的光明前景。

一、实现碳达峰、碳中和目标是落实习近平生态文明思想的必然要求

    习近平生态文明思想是一个不断发展的科学理论体系。我们党领导生态文明建设的生动实践既来自生态文明思想的科学指导，也不断丰富和拓展了这一科学理论的内涵。碳达峰、碳中和目标的提出，科学回应

了新时代生态文明建设发展的新要求，标定了推进生态文明建设的历史新方位。

（一）充分体现了人与自然和谐共生、赓续人类文明长盛不衰的内在要求

习近平总书记指出，"生态文明是人类社会进步的重大成果。人类经历了原始文明、农业文明、工业文明，生态文明是工业文明发展到一定阶段的产物，是实现人与自然和谐发展的新要求。历史地看，生态兴则文明兴，生态衰则文明衰。古今中外，这方面的事例众多。""人因自然而生，人与自然是一种共生关系，对自然的伤害最终会伤及人类自身。只有尊重自然规律，才能有效防止在开发利用自然上走弯路。这个道理要铭记于心、落实于行。""人与自然是生命共同体，人类必须尊重自然、顺应自然、保护自然。这次疫情防控使我们更加深切地认识到，生态文明建设是关系中华民族永续发展的千年大计，必须站在人与自然和谐共生的高度来谋划经济社会发展。"习近平总书记关于人与自然关系的一系列重要论述充分体现了辩证唯物主义自然观的内在要求，深刻揭示了人与自然共同发展、共生共荣的和谐互惠关系，既是对中国传统文化"天人合一"自然观的时代发展，也是对马克思主义关于人与自然关系的思想的重大创新。

在习近平生态文明思想的指引下，党的十九大报告把"坚持人与自然和谐共生"作为新时代坚持和发展中国特色社会主义的基本方略之一，全国生态环境保护大会将其作为新时代推进生态文明建设必须坚持的重要原则，党的十九届五中全会进一步对"推动绿色发展，促进人与自然和谐共生"作出战略安排。2020年9月，习近平总书记首次向世界提出我国实现碳达峰、碳中和的目标。这一目标紧紧抓住当今世界人与自然关系最敏感、最紧迫、最脆弱的气候变化问题，把减排、降碳作为硬指标和硬任务，不仅有利于从根本上解决人与自然和谐共生的突出矛盾，而且体现了推动构建人类命运共同体的责任担当。中国作为世界上最大的发展中国家，碳达峰、碳中和目标的提出，既理旧账又开新局，既立足现实又未来可期，必将以中国特色的生动实践对世界各国正确处理人与自然关系产生深刻启迪和巨大而深远的影响，为引领构建人与自然生命共同体、加快形成人与自然和谐发展新格局注入强大动力。

（二）充分体现了践行绿色发展理念和"绿水青山就是金山银山"的实践选择

习近平总书记指出，"我们既要绿水青山，也要金山银山。宁要绿水青山，不要金山银山，而且绿水青山就是金山银山。""经济发展不能以破坏生态为代价，生态本身就是经济，保护生态就是发展生产力。""良好生态本身蕴含着无穷的经济价值，能够源源不断创造综合效益，实现经济社会可持续发展。"习近平总书记的这些重要论述深刻阐述了经济发展和生态环境保护的辩证统一关系，揭示了保护生态环境就是保护生产力、改善生态环境就是发展生产力的道理，清晰地指出实现发展和保护协同共生的新路径。长期以来，发展必然导致环境破坏、保护环境就要以牺牲甚至放弃发展为代价的思想广泛存在、观念根深蒂固，"唯 GDP 论"具有强大的思维惯性和行为冲动。而"绿水青山就是金山银山"理念的提出，科学阐明了绿水青山既是自然财富又是经济财富的道理，揭示了生态环境的自然属性与经济属性的相互依存与转化，为推进经济社会发展的全面绿色转型提供了有力的理论依据和思想指引。

绿色发展顺应全球经济发展大趋势，走"绿水青山就是金山银山"的绿色发展之路不仅是对传统发展方式、生产方式、生活方式的根本变革，也为我国经济发展提供了新的增长点，激活了发展的新动能。碳达峰、碳中和目标与"绿水青山就是金山银山"的发展理念高度吻合、一脉相承，把碳达峰、碳中和纳入生态文明建设整体布局，充分彰显了我国多年来坚定不移走生态优先、高质量发展之路的坚定决心和贯彻绿色发展理念的战略定力。"绿水青山就是金山银山"的发展理念作为一种底线思维，始终贯穿未来实现碳达峰、碳中和目标的全过程、各领域、多要素，为实现碳达峰、碳中和目标提供了路径指引，提醒着一代又一代的建设者在努力实现"双碳"目标的过程中牢记初心，准确把握"绿水青山"和"金山银山"的关系，科学谋划、协同推进经济高质量发展和生态环境高水平保护，统筹考虑短期经济复苏、中期结构调整、长期低碳转型，为经济社会发展树立正确的绿色导向，真正让"环境就是民生、青山就是美丽、蓝天也是幸福"成为高质量发展的"最大公约数"，提升实现碳达峰、碳中和目标的质感。

（三）充分体现了建设美丽中国、增强人民群众生态环境获得感的核心理念

习近平总书记指出，"我们要建设的现代化是人与自然和谐共生的现代化，既要创造更多物质财富和精神财富以满足人民日益增长的美好生活需要，也要提供更多优质生态产品以满足人民日益增长的优美生态环境需要。""生态环境是关系党的使命宗旨的重大政治问题，也是关系民生的重大社会问题。广大人民群众热切期盼加快提高生态环境质量。我们要积极回应人民群众所想、所盼、所急，大力推进生态文明建设，提供更多优质生态产品，不断满足人民群众日益增长的优美生态环境需要。"良好的生态环境不仅是最公平的公共产品、最普惠的民生福祉，也是人类生存与发展的前提，是我国可持续发展最为重要的基础。当前，我国生态文明建设虽然取得了重大成果，但一些地方资源约束趋紧、生态系统退化的形势尚未得到根本扭转，大气污染、水污染、土壤污染等各类环境污染仍是持续巩固污染治理成效的重要方面。这些问题不解决将严重影响全面建成小康社会取得的成效，损害人民群众的获得感、幸福感、安全感。牢牢把握生态文明建设的阶段性特征，不断满足人民群众对美好环境的向往，依然任重而道远。

碳达峰、碳中和既是实现高质量发展的根本抓手，也是高品质生活的重要体现，更是高水平保护的工作基础。实现碳达峰、碳中和目标是保证生态环境明显改善和根本性、整体性好转的必要前提，将全面提高环境治理现代化水平，持续改善生态环境质量、提升气候治理的韧性，加快建设生态适宜的人居环境，真正实现人与自然和谐共生的现代化。碳达峰、碳中和通过低碳产业转型、低碳技术创新、绿色金融创新等手段，为建设更高水平的开放型经济新体制、加快推动经济高质量发展提供有力保证，最终为经济社会的绿色低碳转型发展奠定基础，推动全社会的长期可持续发展。良好的生态环境是永续发展的必要条件，是人民对美好生活追求的重要体现。要清醒地认识到，实现碳达峰、碳中和目标是一场广泛而深刻的经济社会变革，必须以建设美丽中国为目标，以增强人民群众对生态环境的获得感、幸福感、安全感为核心理念，以对人民群众、对子孙后代高度负责的态度，努力推动新时代生态文明建设取得更大成就，为人民创造更高品质的生活环境。

（四）充分体现了坚持系统观念、运用系统思维的治理之道

习近平总书记指出，"要从系统工程和全局角度寻求新的治理之道，不能再是头痛医头、脚痛医脚，各管一摊、相互掣肘，而必须统筹兼顾、整体施策、多措并举，全方位、全地域、全过程开展生态文明建设。"系统思维是辩证唯物主义和历史唯物主义的重要内容，是我们党认识世界、改造世界的基本思维方式和重要工作方法。关于"十四五"时期经济社会发展的指导思想和必须遵循的原则，党的十九届五中全会明确提出要"坚持系统观念"，这就需要把历史、现实和未来发展贯通起来审视，把近期、中期和远期目标统筹起来谋划。以史为鉴，保护生态环境就是保护生产力，改善生态环境就是发展生产力，保护和改善生态环境决不能头痛医头、脚痛医脚，必须按照生态系统的内在规律，统筹考虑自然生态各要素，以达到增强生态系统循环能力、维护生态平衡的目标，不断增强生态保护与修复工作的整体性、系统性和协调性。

以系统思维来认识和把握生态文明建设的内在规律，是习近平生态文明思想的重要特征。从"绿水青山就是金山银山"到"生态兴则文明兴"，从打好污染防治攻坚战到山水林田湖草沙是一个生命共同体，无不体现了生态环境保护与经济发展、人类命运的辩证统一、相辅相成、互动共赢的系统关系。碳排放总量和强度状况在一定程度上反映了一个国家的产业结构和能源结构，实现碳排放总量和强度的"双控"，完成碳达峰、碳中和的既定目标，必然是一场涉及各行各业、各个领域的经济社会系统性变革。从生产、运输到消费，从建筑、交通到能源，各行业、各领域都要承担和完成减排降碳的任务，没有哪个行业能够置身事外。党中央提出碳达峰、碳中和目标之后，进一步强调要将其纳入生态文明建设整体布局，处理好发展和减排、整体和局部、短期和中长期的关系，更加凸显了碳达峰、碳中和的全面性、广泛性和深刻性。坚持系统治理还体现在推进碳达峰、碳中和的具体路径上应防止和克服运动式"减碳"、先立后破，有效遏制"两高"项目盲目发展，既要防止目标过高，又要防止行动乏力。同时，应高度重视如何形成与目标愿景相匹配的能力提升，扎实做好结构节能、技术节能、管理节能工作，不能寄希望于依靠某种技术就能一劳永逸地解决问题。

（五）充分体现了共谋全球生态文明建设、共建绿色家园的坚定意志

习近平总书记指出，"保护生态环境，应对气候变化，维护能源资源安全，是全球面临的共同挑战。""建设生态文明关乎人类未来。国际社会应该携手同行，共谋全球生态文明建设之路。""要深度参与全球环境治理，增强我国在全球环境治理体系中的话语权和影响力，积极引导国际秩序变革方向，形成世界环境保护和可持续发展的解决方案。"人类是一个整体，地球是一个家园，建设绿色家园是全球共同的梦想。我国在致力于推动国内生态文明建设的同时，始终以负责任大国的形象维护全球生态安全，以科学的理念、有力的行动、卓越的成效为推进全球可持续发展作出了重大贡献，已经成为举世公认的全球生态文明建设的重要参与者、贡献者、引领者。

随着世界多极化、经济全球化的深入发展，世界各国比历史上任何时候都更加紧密地联系在一起。全球气候变化问题已为多年科学观测所证实，世界各地频发的极端天气灾害也不断向人类发出气候变暖的强烈信号。作为一个全球性问题，没有哪一个国家有能力独自应对日益严重的全球气候变化问题。中国作为最大的发展中国家，已经成为世界上最大的可再生能源贡献国。2020 年，我国单位 GDP 二氧化碳排放强度已较 2005 年下降约 48.4%，超额完成向国际社会承诺的到 2020 年下降 40% ~ 45% 的目标，能源消耗强度持续下降，资源产出率大幅提高，能源结构不断升级，非化石能源在能源消费结构中的比重达到 16%。2020 年 12 月 12 日，习近平主席在气候雄心峰会上进一步宣布："到 2030 年，中国单位国内生产总值二氧化碳排放将比 2005 年下降 65% 以上，非化石能源占一次能源消费比重将达到 25% 左右，森林蓄积量将比 2005 年增加

60 亿立方米，风电、太阳能发电总装机容量将达到 12 亿千瓦以上。"中国对碳达峰、碳中和作出的承诺，不仅为世界提供了应对气候变化的中国智慧和中国方案，而且充分说明了中国对推进经济社会发展全面绿色转型充满信心，并具有相应的基础和能力。

二、深入理解把握实现碳达峰、碳中和目标的深刻内涵

（一）碳达峰、碳中和的由来和科学内涵

气候变化是当今世界面临的最严峻的重大环境问题，严重威胁和影响人类社会的生存和发展。为应对气候变化，国际上自 1992 年达成《联合国气候变化框架公约》到 1997 年的《京都议定书》，再到 2015 年的《巴黎协定》，提出了控制全球温升与工业革命前相比不超过 2℃、力争不超过 1.5℃的目标，各国根据自身国情提出了国家自主贡献（NDC）目标。2018 年，联合国政府间气候变化专门委员会（IPCC）发布的《全球升温 1.5℃特别报告》指出，为了控制温升不超过 1.5℃，需要二氧化碳排放在 2050 年前后达到净零排放；为了将全球变暖控制在 2℃以下，需要在 2070 年前后达到二氧化碳净零排放。

根据《全球升温 1.5℃特别报告》，各国自主贡献与减排承诺严重不足，预计 2100 年全球温度将上升 2.9 ~ 3.4℃。联合国环境规划署（UNEP）发布的《2020 年排放差距报告》也指出，2010 年以来，全球温室气体排放量平均每年增长 1.4%，2019 年全球温室气体排放总量（包括土地利用变化导致的排放）达到 591 亿 t CO_2e（二氧化碳当量），创下历史新高，预计到 21 世纪末，全球气温将上升 3℃以上。根据世界气象组织（WMO）发布的《2020 年全球气候状况》报告，2020 年全球主要温

室气体浓度持续上升，全球平均温度较工业化前水平高出约 1.2℃，是有完整气象观测记录以来的第 2 个暖年份（仅次于 2016 年），2015—2020 年是有气象观测记录以来最暖的 6 个年份。鉴于此，如果各国不采取有力措施强化气候保护行动，将全球温度上升幅度控制在 1.5℃以内，就会给人类社会造成破坏性打击，因此需要世界各国携起手来共同应对，在国家、城市、行业和家庭等各个层面快速推进行为转变、技术升级和系统性变革，有效降低全球碳排放量，力争实现 1.5℃的温控目标。

碳达峰（peak carbon dioxide emissions）是指全球、国家、城市、企业等某个主体的碳排放量由升转降并在某个时间点达到峰值的过程。由此看来，碳达峰并不仅仅指某个时间点，而是一个过程，即碳排放首先进入平台期并可能在一定范围内波动，然后进入平稳下降阶段，其核心是碳排放增速持续降低直至负增长。

碳中和（carbon neutrality）是指某个地区在一定时间内人为活动直接或间接排放的二氧化碳，与其通过碳汇、碳捕集与封存（CCS）等方式吸收或移除的二氧化碳相互抵消，实现二氧化碳净零排放，广义上也指所有温室气体的净零排放。碳中和的核心是温室气体排放量的大幅降低。

碳达峰和碳中和紧密相连：碳达峰是碳中和的前提和基础，达峰时间的早晚和峰值的高低直接影响碳中和实现的时长和实现的难度；碳中和是对碳达峰的紧约束，要求达峰行动方案必须在实现碳中和的引领下制定。

目前，全球已有 54 个国家的碳排放实现了达峰，占全球碳排放总量的 40%，其中大部分属于发达国家。2020 年，在排名前 15 位的碳排放国家中，美国、俄罗斯、日本、巴西、印度尼西亚、德国、加拿大、韩国、英国和法国已经实现了碳达峰。中国、马绍尔群岛、墨西哥、新加坡等国家承诺在 2030 年以前实现碳达峰。届时，全球将有 58 个国家实现碳达峰，占全球碳排放总量的 60%。

截至 2021 年 6 月，全球已有 132 个国家和地区提出了"零碳"或"碳中和"的气候目标，大部分目标年定在 2050 年，提出碳中和目标的国家约占全球温室气体排放的 65%，约占全球经济总量的 70%。其中，不丹和苏里南共和国已实现碳中和；瑞典、英国、法国、丹麦、新西兰、匈牙利 6 个国家已立法；欧盟（作为整体）与加拿大、韩国、西班牙、智利、斐济 5 个国家处于立法中状态；已提出碳中和目标但尚处于讨论过程中的国家和地区近 100 个。

在中国提出 2030 年碳达峰、2060 年碳中和的目标之后，日本、英国、加拿大、韩国等发达国家也相继提出到 2050 年前实现碳中和目标的政治承诺。其中，日本承诺将此前的 2050 年目标从排放量减少 80% 改为实现碳中和；英国提出在 2050 年实现碳中和；加拿大提出在 2050 年实现碳中和；澳大利亚提出在 2050 年前实现碳中和。除美国、印度外，世界主要经济体和碳排放大国相继作出减少碳排放的承诺。主要发达国家和地区的碳达峰、碳中和目标时间如表 1 所示。

表 1　主要发达国家和地区碳达峰、碳中和目标时间

单位：年

国家和地区	碳达峰时间	碳中和时间
美国	2007	2050
欧盟	1990	2050
加拿大	2007	2050
韩国	2013	2050
日本	2013	2050
澳大利亚	2006	2050

根据世界资源研究所（WRI）的跟踪统计，截至 2021 年 4 月，已有包括欧盟 27 国在内的 77 个国家（经济体）提交了更新的国家自主贡献计划。另有 80 个国家承诺会提交增强的国家自主贡献目标，包括中国、美国、加拿大和南非等主要国家。即便如此，2021 年 2 月联合国发布的《〈巴黎协定〉之下的国家自主贡献》报告认为，很多国家在《巴黎协定》下的减排承诺还远远不够，仍无法完成预期温控目标。

（二）实现碳达峰、碳中和目标是一场广泛而深刻的经济社会变革

随着我国碳达峰、碳中和目标的提出，以及全球 130 多个国家作出"零碳"或"碳中和"的承诺，绿色低碳转型已经成为全球的大势所趋和未来的竞争高地，碳中和也不再仅是温室气体减排事务，而是各国之间技术和经济的竞争。正如习近平总书记指出的，"实现碳达峰、碳中和是我国向世界作出的庄严承诺，也是一场广泛而深刻的经济社会变革，绝不是轻轻松松就能实现的。"

一是碳达峰、碳中和将引领产业变革。实现碳达峰、碳中和将倒逼传统高耗能、高排放产业实现绿色低碳转型。在多数已实现碳达峰的欧美发达国家中，一个显著的特征是在碳达峰前后，第二产业比值大幅下降，第三产业比值大幅上升，第三产业对 GDP 的贡献率往往都在 65% 以上，其中低能耗、高产出的高技术行业和服务业对 GDP 增长的贡献率较大，工业耗能相对较低。根据统计数据，2020 年我国第三产业对 GDP 的贡献率为 47.3%，相较于已实现碳达峰国家的平均水平，仍存在较大的提升空间。因此，进一步提升第三产业在 GDP 中的占比，抑制第二产业的能源需求规模，通过节能提高能效，降低工业能耗及碳排放量，是中国实现碳达峰、碳中和目标的重要途径。

二是碳达峰、碳中和将引领能源变革。实现碳达峰、碳中和将推动重构能源产业,逐步淘汰传统能源系统中的煤炭、石油等化石能源,大力发展风能、太阳能、生物质能等可再生能源,构建以非化石能源为主的新能源电力结构,提升清洁能源占比。同时,碳达峰、碳中和将推动终端能源消费结构变革,有力促进工业、建筑、交通等部门电气化率的提升,并快速推动氢能等清洁能源的开发利用,以构建低碳、安全、可持续的能源体系。

三是碳达峰、碳中和将引领技术变革。技术创新是实现碳达峰、碳中和的重要保障。未来随着能源变革,能源系统将逐步向电气化、智能化、数字化、灵活化方向发展。其中,电源系统低碳技术将与能源互联网、大数据、人工智能相结合构建现代能源系统,并进一步与信息、新材料及高端装备相融合,共同推动技术系统的变革。伴随着高比例可再生能源电力系统的发展,工业、建筑、交通等部门的电气化率将大幅提升,各类先进高效的电气化技术必将应运而生。氢能作为具有显著减排潜力的清洁能源,其开发与利用已成为世界能源技术变革的重要方向;碳捕集、利用与封存(CCUS)技术作为碳移除的重要手段,将会进一步加快低成本、产业化、规模化发展;生物质能作为唯一一种零碳甚至负碳的可再生能源,其各种利用技术必将快速发展,并在实现碳中和中发挥重要作用。

四是碳达峰、碳中和将引领投资变革。碳达峰、碳中和将改变投资格局,引领气候投融资浪潮,形成巨大的资金需求。根据 IPCC 第五次评估报告,为了实现 2℃ 温控目标,全球将在不同领域增减投资规模,如对可再生能源、核能和 CCS 发电等低排放发电技术的投资每年将增加 1 470 亿美元,对建筑、运输和工业等领域的能效投资每年将增加 3 360 亿美元,而对化石燃料开采的投资每年将减少 1 160 亿美元,对没有 CCS 的化石发电厂的年度投资在 2010—2029 年将每年减少 300 亿美元。此外，创新和发展绿色金融是实现碳达峰、碳中和目标的重要保障。在绿色金融范畴下，为实现国家自主贡献目标和低碳发展目标，将引导和促进更多应对气候变化领域的投资和融资活动，支持范围主要包括控制温室气体排放和提高适应气候变化能力两个方面。

五是碳达峰、碳中和将引发新的贸易壁垒。2021 年 7 月 14 日，欧盟委员会正式提出应对气候变化一揽子计划提案，其中包括碳边界调整机制，即对来自碳排放限制相对宽松国家和地区的进口商品，主要包括钢铁、水泥和化肥等征税。根据该提案，碳边界调整机制拟于 2023—2026 年尝试启动，将覆盖电力部门和钢铁、铝、水泥、化肥等行业，并于 2026 年全面生效。有关部门估算，根据欧盟的碳边界调整机制，在我国的出口商品中可能会涉及采矿、钢铁、有色、化工、医药、纺织、机械等 50 多个行业，涉及金额将达到 500 亿美元以上，需缴纳 26 亿 ～ 52 亿美元的税费，相当于出口成本增加了 3% ～ 5%。鉴于此，我国尽早实现碳达峰对于防范新的贸易壁垒非常重要。

六是碳达峰、碳中和将改变地缘政治格局。碳达峰、碳中和将推动能源革命，重构能源产业，大力发展可再生能源，减少化石能源的消费需求。在这种背景下，中东、俄罗斯等石油、天然气出口国家和能源通道相关国家将全面或部分丧失石油利益，由此必将改变国际地缘政治格局。对我国而言，在碳中和背景下，随着能源结构和产业结构的调整，今后将逐步摆脱对石油和天然气等化石能源进口的依赖，可在一定程度上再定义国家能源安全。

七是碳达峰、碳中和将引领生活方式变革。实现碳达峰、碳中和目标与我们每个人都息息相关，在碳达峰、碳中和目标深刻地引导经济产业变革的同时，也将深度改变人们的日常生活方式。实现碳达峰、碳中和目标，一方面将对产业、教育、就业、社会公平等民生领域产生深远影响；另一方面将对每一个公民衣食住行的各个方面产生重大影响，将引领绿色低碳的消费观念和生活方式，使之成为公众的普遍行为和社会新风尚。

综上所述，实现碳达峰、碳中和目标是一项长期、高度综合的系统工程，更是一场广泛而深刻的经济社会变革，涵盖能源、经济、社会、气候、环境等众多领域，涉及政府、企业、公众等多个层面，需要开展全局性、战略性和系统性研究。为此，我国应早做准备，谋划顶层设计，拿出抓铁有痕、踏石留印的劲头，打好碳达峰、碳中和这场硬仗，以实现经济、能源、生态环境的和谐共赢。

（三）我国实现碳达峰、碳中和目标面临多重挑战

我国提出 2030 年前力争碳达峰、努力争取 2060 年前实现碳中和的目标，是以习近平同志为核心的党中央经过深思熟虑作出的重大战略决策。实现碳达峰、碳中和是我国生态文明建设和高质量发展的必然选择，体现了我国对构建人类命运共同体的责任担当，影响深远、意义重大。从国内来看，这一重大宣示为当前和今后一个时期，乃至 21 世纪中叶应对气候变化工作、绿色低碳发展和生态文明建设提出了更高的要求，擘画了宏伟蓝图，指明了方向和路径；从国际来看，这一重大宣示展示了中国应对全球气候变化作出的新努力、新贡献，充分体现了低碳发展的决心和信心，彰显大国担当，受到国际社会的广泛认可与高度赞誉。

但是，目前全球提出碳中和目标的国家大多是欧美发达国家，这些国家均已实现碳达峰，其中以德国、匈牙利、法国、英国为代表的国家均在 20 世纪 80 年代左右就实现了碳达峰，以美国、加拿大、西班牙、

意大利等为代表的国家在 2007 年前后也已实现碳达峰。与欧美发达国家相比，我国在当前相对较低的发展水平条件下实现碳达峰、碳中和目标，面临着前所未有的多重挑战。

一是碳排放总量大，碳达峰到碳中和的缓冲时间短。从碳排放总量来看，当前我国的碳排放总量近 100 亿 t，已占全球碳排放总量的近 30%，超过美欧日的总和，预计到 2030 年碳排放总量将高达 120 亿 t。从碳排放发展趋势来看，发达国家的碳排放在 20 世纪 80 年代至 2007 年前后先后达峰，距离 2050 年实现碳中和至少有 40 年甚至 70 年左右的窗口期。相比之下，我国承诺的碳中和时间与碳达峰时间的距离是 30 年，显著短于欧美国家，这意味着作为世界上最大的发展中国家，我国将完成全球最高碳排放强度降幅，用全球历史上最短的时间实现从碳达峰到碳中和，这是一个巨大的挑战。

二是经济产业结构中第二产业比重偏高。已实现碳达峰的国家的显著特征之一是第二产业占比大幅下降，第三产业占比大幅上升。2006 年，欧盟在实现碳达峰时，制造业和服务业的增加值占 GDP 的比重分别为 15.8% 和 63.7%；2007 年，美国在实现碳达峰时，制造业和服务业的增加值占 GDP 的比重分别为 12.7% 和 73.9%。而 2019 年，我国第二产业占 GDP 的比重为 37.8%，制造业和服务业的增加值占 GDP 的比重分别为 27.2% 和 53.9%，预计到 2030 年制造业的占比仍将在 22% 左右。产业结构偏重导致我国工业和制造业单位增加值的能耗高，对能源消费需求量大，经济结构调整和产业升级任务艰巨。

三是能源结构以高碳的化石能源为主，煤炭占主导地位。当前在我国的能源消费结构中，化石能源占比为 83.7%，其中煤炭消费占比为 56.9%，而美国和欧盟的煤炭消费占比仅为 12% 和 11%。因此，在碳达峰、碳中和目标下，我国必须加快从以化石能源为主的能源消费结构向以可再生能源为主的结构转变，未来能源结构优化的任务面临巨大挑战。根据能源转型委员会（ETC）的报告，到 2050 年，一次能源结构将发生巨大变化，其中化石燃料需求降幅超过 90%，风能、太阳能和生物质能将成为主要能源，风能、太阳能的比重将达到 75%。根据清华大学气候变化与可持续发展研究院的研究报告，预计到 2050 年，在 1.5℃情景下我国非化石能源占一次能源的比重将达到 85%。

四是单位 GDP 能耗水平仍然较高。当前我国单位 GDP 能耗约为 0.55 tce（吨标准煤）/ 万元，而全球单位 GDP 能耗平均水平为 0.365 tce/ 万元，美国、德国、法国和日本的单位 GDP 能耗平均水平分别为 0.250 tce/ 万元、0.189 tce/ 万元、0.196 tce/ 万元和 0.199 tce/ 万元。我国单位 GDP 能耗约为世界平均水平的 1.5 倍、发达国家的 2～3 倍，而碳排放强度是美国的 2.8 倍、德国的 3.6 倍、英国的 6.2 倍。因此，在碳达峰、碳中和目标下，我国建立绿色低碳的经济体系任重道远。

五是当前正处于经济由高速增长阶段转向高质量发展的阶段。从发展阶段来看，当前欧美各国已经实现碳达峰，经济发展与碳排放脱钩，而我国尚处于经济上升期和碳排放达峰期，能源消费仍在持续增长。因此，我国需要兼顾能源低碳转型和经济结构转型，统筹考虑控制碳排放与发展社会经济之间的矛盾。

六是绿色低碳技术创新能力不足。技术创新是实现碳达峰、碳中和的重要保障。近年来，我国绿色低碳技术发展取得积极成效，但与国际先进水平相比，整体仍有较大的差距，一些领域中的关键技术还受制于人，绿色低碳重大战略技术储备不足、技术转化率偏低。碳达峰、碳中和目标对我国低碳 / 脱碳科技创新提出了新要求，将倒逼低碳、零碳、负碳技术自主创新能力的加速提高。

鉴于上述分析，与欧美发达国家相比，我国实现碳达峰、碳中和目标任重道远，还需要付出巨大努力。

三、统筹推进碳达峰、碳中和与生态文明建设的伟大实践

"一花独放不是春，百花齐放春满园"，依靠零敲碎打的作战方式无法实现碳达峰、碳中和的宏伟目标。我们要坚持以习近平生态文明思想为引领，坚持系统思维，坚持调动各方面积极性，坚持新发展理念，统筹推进碳达峰、碳中和与生态文明建设的伟大实践。

（一）坚持以习近平生态文明思想为引领，牢牢把握碳达峰、碳中和实践的正确方向

一是提高认识。走中国特色碳达峰、碳中和之路是一项复杂的系统工程。2021 年 3 月 15 日，习近平总书记在主持召开中央财经委员会第九次会议时强调，实现碳达峰、碳中和是一场广泛而深刻的经济社会系统性变革，要把碳达峰、碳中和纳入生态文明建设整体布局，拿出抓铁有痕的劲头，如期实现 2030 年前碳达峰、2060 年前碳中和的目标。根据习近平总书记的指示要求，我国从碳达峰到实现碳中和只有 30 年左右的时间，与发达国家相比，任务更加艰巨和紧迫。因此，我们既要坚定实现碳达峰、碳中和目标的信心决心，又要清醒地认识到我国碳达峰、碳中和任务的复杂性、艰巨性、紧迫性，对推进碳达峰、碳中和遇到的各种潜在困难有充分的估计。

二是强化理论学习。习近平生态文明思想进一步丰富和发展了马克思主义关于人与自然关系的思想，深化了我们党对于生态文明建设规律

的认识，是 21 世纪马克思主义崭新的人与自然关系学说，为实现人与自然和谐共生、建设美丽中国、实现中华民族永续发展提供了思想指引、根本遵循和实践动力。在推进碳达峰、碳中和的伟大实践中，我们必须坚持以习近平新时代中国特色社会主义思想为指引，加强对习近平生态文明思想的学习，以党的最新思想武装头脑、指导实践、推动工作。

三是突出实践运用。马克思指出，"理论一经掌握群众，也会变成物质力量。"我们要坚持以习近平生态文明思想为指引，坚持加强党的领导，切实担负起碳达峰、碳中和的重要责任。近年来，我国生态文明建设和生态环境保护之所以取得历史性成就、发生历史性变革，最根本在于有习近平总书记掌舵领航，有党中央权威和集中统一领导，有习近平新时代中国特色社会主义思想和习近平生态文明思想的科学指引。在推动碳达峰、碳中和探索实践中，我们必须不断提高政治站位，增强"四个意识"、坚定"四个自信"、做到"两个维护"，坚决扛起碳达峰、碳中和的责任担当，牢牢把握碳达峰、碳中和的正确方向和工作着力点，确保党中央关于碳达峰、碳中和的决策部署落到实处。

（二）坚持系统思维，着力把握碳达峰、碳中和实践的整体性和协同性

习近平总书记指出，"唯物辩证法认为，事物是普遍联系的，事物及事物各要素相互影响、相互制约，整个世界是相互联系的整体，也是相互作用的系统。坚持唯物辩证法，就要从客观事物的内在联系去把握事物，去认识问题、处理问题。"这一马克思主义哲学的科学认识启示我们，要把握自身发展和协同发展的关系，坚持系统思维方法，实现错位发展、协调发展、有机融合。在推进碳达峰、碳中和的探索实践中，关键是要正确把握以下四种关系。

一是正确把握统筹协调和顶层设计的关系。我国力争 2030 年前实现碳达峰、2060 年前实现碳中和的目标承诺虽然面临重大挑战，但也具备"全国上下一盘棋""一张蓝图绘到底"的体制优势，从系统性、整体性、协同性的角度出发，要统筹协调，强化顶层设计，发挥制度优势。碳达峰、碳中和目标与生态环境保护相关工作应统一谋划、统一布置、统一实施、统一检查，建立健全统筹融合的战略、规划、政策和行动体系。强化统筹协调就是要把降碳作为源头治理的"牛鼻子"，协同控制温室气体与污染物排放，推进适应气候变化与生态保护修复等工作，支撑深入打好污染防治攻坚战和二氧化碳排放达峰行动。

二是正确把握整体推进和重点突破的关系。在碳达峰、碳中和实践中，不仅需要推进从区域到全国、从传统能源行业到现代制造业、从碳源到碳汇的全面实施，更要体现全局和局部、整体和重点、治本和治标、渐进和突破的辩证统一。在实践中面临的矛盾和问题繁多，首先，要做到面对复杂矛盾心中有数，并确立全局意识；其次，要正确认识各个部分的属性、特点及其对整体的价值和意义；最后，要分清主次、把握重点。在统筹推进碳达峰、碳中和与生态文明建设的过程中，要在整体发展中坚持生态优先的重点，并在重点突破的同时坚持推进整体发展，以取得实效。

三是正确把握生态环境保护和经济发展的关系。绿水青山就是金山银山，保护环境就是保护生产力。经济发展不应是对资源和生态环境的竭泽而渔，生态环境保护也不应是经济发展的缘木求鱼，而是要坚持在发展中保护、在保护中发展，实现经济社会发展与人口、资源、环境相协调。我国必须加快形成节约资源和保护环境的空间格局、产业结构、生产方式、生活方式，给自然生态留下休养生息的时间和空间。同时，要将应对气候变化目标任务全面融入生态环境保护规划，统筹谋划有利于推动经济、能源、产业等绿色低碳转型发展的政策举措和重大工程，协同推进我国经济结构调整和布局优化、温室气体排放控制和适应气候变化能力提升等相关目标任务。要进一步将应对气候变化、生态环境保护要求融入国民经济和社会发展规划中，才能为经济社会的发展实践和绿色转型提供有力遵循。

四是正确把握"双碳"目标与建设美丽中国的关系。"十四五"时期，我国生态文明建设进入了以降碳为重点战略方向、推动减污降碳协同增效、促进经济社会发展全面绿色转型、实现生态环境质量改善由量变到质变的关键时期。在习近平生态文明思想的指引下，建设美丽中国是全面建设社会主义现代化强国的重大目标，而把碳达峰、碳中和目标纳入建设美丽中国的整体目标当中，在实践中推进实现碳达峰、碳中和目标也是助力美丽中国建设整体目标的实现。针对这一目标体系，我国需多层面开展行动，以更大力度推进应对气候变化工作，实现减污降碳协同效应，为实现碳达峰目标与碳中和愿景提供支撑保障。

（三）坚持调动各方面的积极性，全力汇聚碳达峰、碳中和实践的强大合力

在拥有 14 亿人、960 多万 km^2 土地的中国实现碳达峰、碳中和目标，是没有先例的探索实践。实现这一目标涉及方方面面，绝不是轻轻松松、敲锣打鼓就能实现的。要发挥社会主义制度优越性，建立健全制度体系，充分调动政府、企业、民众和全社会的积极性和有利因素，为实现宏伟目标不懈奋斗。

一是发挥政府的引导作用。政府是"双碳"目标实现的重要推动者，是相关政策标准的制定者，也是行动的重要引导者，实现碳达峰、碳中和目标首先需要政府发挥引导作用。我们很高兴地看到，在以习近平同志为核心的党中央坚强领导下，国家各部委、地方政府已经快速行动起来，正在围绕实现碳达峰、碳中和目标积极开展工作。例如，生态环境部发布《关于统筹和加强应对气候变化与生态环境保护相关工作的指导意见》（环综合〔2021〕4号），将围绕落实二氧化碳排放达峰目标与碳中和愿景，统筹推进应对气候变化与生态环境保护相关工作；国家发展和改革委员会、工业和信息化部、生态环境部等部门正在抓紧编制2030年前碳排放达峰行动方案；教育部和科学技术部正在研究如何通过推进科技创新来支撑碳达峰、碳中和工作；各地方政府也在结合实际积极明确碳达峰目标，制定碳达峰实施方案和配套措施。政府应在系统谋划的基础上，统筹融合推动政策法规的制修订工作、调查评价检测考核的系统管理工作、典型区域试点示范创新和先行先试探索工作、国际合作交流和国际公约谈判履约工作，发挥监督管理主体作用，发挥生态文明制度政策合力，发挥机制支撑作用。

二是发挥企业的主体作用。企业是落实降碳减污目标的主体，如何将国家、地区的宏观目标转化为企业的具体行动尤为关键。能源、工业、交通、建筑等重点领域，钢铁、建材、有色、化工、石化、电力、煤炭等重点行业应提出明确的达峰目标并制定达峰行动方案。在行业方案指导下，企业要开展碳盘查、夯实碳家底和碳排放数据基础，保证碳达峰工作更加精准有效；通过碳排放测算，制定长期低碳发展战略和碳达峰路线图与任务清单，助力国家碳达峰目标的实现；参与推动碳达峰相关标准、规范和机制建设，提升碳资产管理与开发能力；推动企业向数字化转型，聚焦关键核心技术项目，开展碳减排关键技术研发和示范应用，发挥样板带动作用；加快完善企业碳排放信息披露体系，加强与国际机构的合作，积极借鉴国际经验。

在我国碳达峰、碳中和实践中，还要注重发挥国有企业的重要作用，特别是中央企业的主力军、压舱石、顶梁柱、国家队作用。习近平总书记多次强调，国有企业是中国特色社会主义的重要物质基础和政治基础，是我们党执政兴国的重要支柱和依靠力量。新中国成立以来，特别是改革开放以来，国有企业发展取得巨大成就，为我国经济社会发展、科技进步、国防建设、民生改善作出了历史性贡献，功勋卓著、功不可没。习近平总书记还强调，要通过加强和完善党对国有企业的领导、加强和改进国有企业党的建设，使国有企业成为党和国家最可信赖的依靠力量，成为坚决贯彻执行党中央决策部署的重要力量，成为贯彻新发展理念、全面深化改革的重要力量，成为实施"走出去"战略、"一带一路"倡议等的重要力量，成为壮大综合国力、促进经济社会发展、保障和改善民生的重要力量，成为我们党赢得具有许多新的历史特点的伟大斗争胜利的重要力量。实现碳达峰、碳中和就是我国在新时代面临的一场具有新的历史特点的伟大斗争，在这场伟大斗争中，国有企业、中央企业一定不辜负习近平总书记和党中央嘱托，不辜负人民群众新期待，在推进产业结构的绿色低碳转型、能源结构优化、能源资源高效集约利用、绿色低碳技术的研发应用，以及培养碳达峰、碳中和各类人才等方面作出新的历史贡献。

三是发挥民众的参与作用。民众是绿色低碳生活理念的践行者。积极促进人民群众自觉形成绿色低碳的生活生产方式是持续减少温室气体排放的先决条件，也是有效降低实现"双碳"目标社会综合治理成本的必然要求。要提高民众对碳达峰、碳中和目标的认知水平，使之更加全面地了解绿色发展、低碳转型，并自觉联系日常生活，建立对资源环境更加友好的消费观，倡导适度化和节约型消费，从消费侧减少碳排放。民众也应积极响应国家倡导的绿色低碳生活方式，形成绿色低碳、勤俭节约、文明健康的生活方式和消费模式。

四是发挥社会组织的促进作用。社会组织是国家治理体系和治理能力现代化的有机组成部分，是社会治理的重要组成和依托，也是促进碳达峰、碳中和的重要力量。党的十八届三中全会提出"改进社会治理方式"，要求明确坚持系统治理，加强党委领导，发挥政府主导作用，鼓励和支持社会各方面参与，实现政府治理和社会自我调节、居民自治良性互动。在推动碳达峰、碳中和的具体实践中，要高度重视社会组织，特别是科学技术类、生态环保类、绿色金融类社会组织在碳达峰、碳中和治理创新中的作用发挥，始终坚持一手抓加强监管、一手抓扶持发展，在加强规范管理的同时，引导社会组织在推进碳达峰、碳中和治理中发挥积极作用。

（四）坚持新发展理念，努力构建碳达峰、碳中和新发展格局

习近平总书记强调，立足新发展阶段、贯彻新发展理念、构建新发展格局，是由我国经济社会发展的理论逻辑、历史逻辑、现实逻辑决定的。要准确把握新发展阶段，深入贯彻新发展理念，加快构建新发展格局，推动"十四五"时期高质量发展，确保为全面建设社会主义现代化国家开好局、起好步。在推动碳达峰、碳中和实践中，我们要充分领会总书记指示精神，坚持创新、协调、绿色、开放、共享的新发展理念，努力构建碳达峰、碳中和的新发展格局。

一是坚持创新的核心地位，为碳达峰、碳中和提供坚实的技术支撑。党的十八大以来，无论是主持召开重要会议还是深入地方考察调研，习近平总书记都十分重视创新，在不同场合反复强调创新的重要性。在谋划"十四五"时期的发展路径时,在习近平总书记亲自谋划、亲自推动下,党的十九届五中全会作出了一系列规划,把"创新"放在首位来强调,提出"坚持创新在我国现代化建设全局中的核心地位,把科技自立自强作为国家发展的战略支撑",强调深入实施科教兴国战略、人才强国战略、创新驱动发展战略,完善国家创新体系,加快建设科技强国。在推动碳达峰、碳中和的过程中,我们要着力推动重点行业领域的技术攻关和科技进步,积极打造重点工业领域、节能环保领域原创技术策源地,推动科技创新高水平自立自强,为中国特色碳达峰、碳中和之路提供有力的技术支撑。

二是坚持协调发展,不断优化能源结构和产业结构。在能源结构转型升级方面,我国能源结构长期以煤为主,油气对外依存度高,是全球最大的碳排放国家,能源清洁低碳转型要求紧迫。因此,需推动能源电力从高碳向低碳、从以化石能源为主向以清洁能源为主转变,加快形成绿色生产模式,促进能源供给清洁化、清洁能源利用高效化。统筹推动碳达峰、碳中和实现与贯彻新发展理念,正是以正确理解习近平总书记"四个革命、一个合作"能源安全新战略为前提的。"推动能源消费革命,抑制不合理能源消费"要求将能源节约贯穿经济社会发展全过程和各领域,加快形成能源节约型社会;"推动能源供给革命,建立多元供应体系"要求大力推进煤炭清洁高效利用,着力发展非煤能源,形成以煤、油、气、核、新能源、可再生能源多轮驱动的能源供应体系,为绿色发展提供新的能源形态和能源利用方式;"推动能源技术革命,带动产业升级"要求以绿色低碳为方向,分类推动技术创新、产业创新、商业模式创新;"推动能源体制革命,打通能源发展快车道"要求形成主要由市场决定能源价格的机制,建立健全能源法治体系。

在产业结构转型升级方面，要把战略性新兴产业发展作为重中之重，以壮士断腕的勇气果断淘汰那些高污染、高排放的产业和企业，为新兴产业发展腾出空间，加快新旧动能转换步伐。要坚持用市场化、法治化手段化解过剩产能，积极开展产能置换，严格执行质量、环保、能耗、安全、技术等法律法规、标准和产业政策要求，倒逼落后产能加快退出，建立市场化调节产能长效机制。对于资源型产业，要加快改变粗放型资源开发模式，瞄准国际标准提高装备技术水平，延长产业链条，推动资源型产业高端化、智能化、绿色化、服务化发展。要大力培育发展新能源、新材料、节能环保、高端装备、大数据云计算、生物科技等战略新兴产业。

三是坚持绿色发展，着力打造绿色低碳循环产业。发展绿色产业，既是推进生态文明建设、实现高质量发展的主要内容之一，也是实现碳达峰、碳中和目标的重要支撑和推动力。习近平总书记指出，"保护环境就是保护生产力，改善环境就是发展生产力。""坚定推进绿色发展，就是推动自然资本大量增值，让良好生态环境成为人民生活的增长点、成为展现我国良好形象的发力点。"碳达峰、碳中和目标正是进一步推进绿色发展的重要抓手。在碳达峰、碳中和目标约束下，能源结构、产业结构、交通结构等将面临深刻的低碳转型，也将给节能环保产业、清洁生产产业、清洁能源产业、生态环境产业和基础设施绿色升级、绿色服务等绿色产业带来广阔的市场前景和全新的发展机遇。各行业须积极展示中国决心、中国行动和中国水准，努力成为习近平生态文明思想的坚定践行者、实现国家碳中和目标的积极贡献者。

在做实做强做优实体经济的前提下，也应适度发展虚拟经济，反哺、服务实体经济。要发挥绿色金融的推动作用，利用适应绿色发展的金融服务业务引导社会向新的产业和新的商业模式进行有效投资。绿色金融可以通过鼓励绿色投资、抑制污染性投资引导资金更多地流向绿色低碳领域，优化资源配置，以金融力量倒逼绿色技术创新。另外，我国碳交易市场的建设也是绿色金融体系的重要组成部分，通过全国碳市场的运行，有望大幅降低全社会总的减排成本，助力我国较早实现一个相对较低的碳排放峰值，而这也将降低后续实现碳中和目标的难度。

四是坚持开放发展，积极参与全球生态环境治理和气候治理。气候变化的影响没有国界，应对气候变化需要国际社会同舟共济。与此同时，人与自然是生命共同体，推进碳达峰、碳中和目标实现，推进绿色低碳发展，必须建立在尊重自然、顺应自然、保护自然的基础之上，必须建立在全人类妥善应对气候变化的基础之上。近年来，习近平总书记提出的"共同构建人类命运共同体"显示出卓越政治家和战略家的高瞻远瞩和宏大视野，成为中国引领时代潮流和人类文明进步的鲜明旗帜，为推进全球生态环境治理、气候治理和碳中和合作贡献了中国智慧、中国方案。

我国应进一步加强合作意识，主动参与国际规则制定，开展全球环境治理与气候变化专项研究，携手应对全球问题，用高水平开放推动高质量发展。只有把一国的生态环境和气候治理置于广阔的国际空间来谋划，才能获得推动问题解决所必需的资金、技术、资源、市场、人才乃至机遇和理念，充分发挥全球优势。在企业层面，也应积极推进国际合作，运作清洁发展机制（CDM）项目，利用国际国内两个市场、两种资源，以开放促改革、促发展、促创新，与世界各国互利共赢、共享发展成果。

五是坚持共享发展，共享碳达峰、碳中和的发展成果与经验。我国力争 2030 年前实现碳达峰，2060 年前实现碳中和，是党中央经过深思熟虑作出的重大战略决策，事关中华民族永续发展和构建人类命运共同体。要坚持共赢思维、共享理念，加强国内各地区、各部门、各阶层的合作，加强国际交流合作，有效统筹国内国际能源资源，构建形成我国经济社会发展全面绿色低碳转型的系统化推进格局。

应对气候变化，推动绿色低碳转型，已经成为世界潮流和人心所向。在第七十五届联合国大会一般性辩论上，习近平主席强调各国要树立创新、协调、绿色、开放、共享的新发展理念，推动疫情后世界经济"绿色复苏"，汇聚起可持续发展的强大合力，为世界各国共同应对更多全球性挑战、共同开创更加美好未来提供了重要的认识论和方法论。我们应以习近平生态文明思想为引领，走绿色、低碳、循环的高质量发展之路，实施以绿色低碳为特征的高质量复苏，完善全球治理，推动构建人类命运共同体，共同创造更加繁荣美好的世界。

从《巴黎协定》到碳中和：中国的挑战

中国科学院大学经济与管理学院副教授　段宏波

中国科学院预测科学研究中心主任、发展中国家科学院院士　汪寿阳

基于中国能源 - 经济 - 环境（3E）系统集成评估模型 CE3METL（Chinese Energy-Economy-Environmental Model with Endogenous Technological Change by Employing Logistic Curves），本文从排放路径、能源重构和经济影响 3 个维度，对比分析和阐释了全球温控目标从 2℃ 到 1.5℃ 的战略调整对我国的长期影响和含义，并得出如下结论：①中等可能性的 2℃ 温控目标下，我国的二氧化碳排放路径将于 2030 年前达到峰值，而 1.5℃ 温控目标则要求碳排放从当下开始急剧下降，且最早到 2060 年前后实现近零排放；② 1.5℃ 温控目标要求 2010—2100 年的平均能源消费量降至 2010 年的 65.1%，且负排放技术成为能源重构的重要力量，但这是以"挤出"风能等其他非化石能源技术的发展空间来实现的；③相较 2℃ 温控目标，1.5℃ 温控目标下的平均社会碳成本要高出约 350 元 / t，且 2020 年的水平将超过 600 元 / t，这一门槛值较 2℃ 温控目标至少提前了 20 年。对比中等概率下的 2℃ 和 1.5℃ 温控目标，后者的经济损失较前者高出近 8%，而负排放技术可将同等目标下的平均经济损失最高降低 69.3%。

一、研究背景与意义

自《巴黎协定》确立 21 世纪内将全球平均温升控制在 2℃以内（较工业化前水平），并努力控制温升幅度不超过 1.5℃的长期目标以来，学术界对此开展了深入的探讨和研究。事实上，无论从影响的角度还是从应对行动的角度来看，由 2℃到 1.5℃温控目标的战略调整都将带来系统性挑战，且我们有理由推断这一挑战在气候变化程度更大的中国将更为严峻。而国家层面的绝大多数对气候政策的研究均围绕各自在《巴黎协定》中提出的自主贡献控排目标展开，鲜有工作分析 2℃到 1.5℃温控目标调整对中国的影响，尤其是对负排放技术的探讨。

基于此，我们将构建中国能源-经济-环境（3E）系统集成模型，并在此基础上从排放路径、能源重构和经济影响 3 个维度全面阐释温控目标调整对我国的长期影响，尤其关注负排放技术在其中扮演的角色。本文致力于帮助公众和相关部门全面认识全球 1.5℃温控目标的综合含义，深度理解该目标实施可能给我国带来的挑战，为更好地应对潜在严峻的气候变化风险、制定科学有效的应对策略提供依据。

二、研究方法与情景设计

本文的模拟和分析主要基于 CE3METL，该模型是全球综合评估模型 E3METL 的区域化版本。E3METL 模型簇已被广泛应用于全球和我国的气候变化相关问题研究。

完成本文预设的研究任务需要在方法上做好两方面工作：一是将全球温控目标（2℃和 1.5℃）转化为国家层面对等的累计排放控制约束；

二是对模型本身的改进，即拓展早期 CE3METL 模型的能源技术体系，发展负排放技术部门，同时建立起 CCS 技术、负排放技术与化石能源技术、可再生能源技术之间的非线性复杂联动关系。

温控目标的设定在很大程度上对应着全球总的排放预算，而估算具体国家或地区的排放空间则依赖一系列排放权分配原则。本文根据混合分配法则分解得到 2 种概率水平（50% 和 67%）下对应 2℃和 1.5℃温控目标的全球总排放预算和中国未来的可排放空间，对应的 4 种气候情景分别记作 2.0C50、2.0C67、1.5C50 和 1.5C67，如图 1 所示。

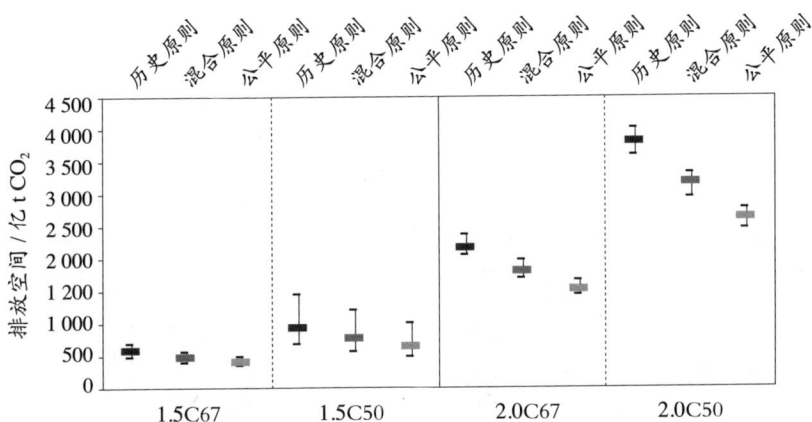

图 1　1.5℃和 2℃温控目标下我国的排放预算分配情景

三、研究结果及分析

（一）碳排放路径选择

在照常（BAU）情景下，我国的碳排放将于 2040 年前后达到峰值，且估算的峰值水平为 123.89 亿 t CO_2；中等概率的 2℃温控目标下的碳排放路径将于 2030 年达到峰值,峰值水平比 BAU 情景下降约 20 亿 t;而 1.5℃温控目标则要求碳排放从当前开始急剧下降,且最早到 2060 年前后实现近零排放。

负排放技术的考虑会引起后半世纪的碳排放转负,且气候目标越严格,早期的负排放量越大;随着减排压力的释放,多数情景下后期的负排放量都呈现不同程度的下降(图 2)。到 2050 年,负碳排放量最高可达 43.2 亿 t,届时,生物质能碳捕集与封存(BECCS)技术的减排贡献占 30% 左右,而剩余减排任务则依赖直接空气碳移除(DAC)技术的实质性贡献,特别是 2060 年以后。DAC 技术的发展还可以带来促进 BECCS 碳移除的协同效果,两种技术的碳减排总贡献最高可达 97%。

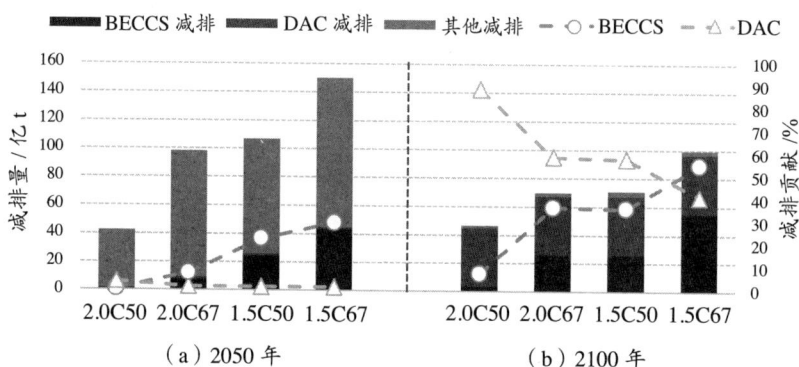

图 2　气候技术情景

(二)能源系统的转型发展

气候目标约束下的能源消费总量呈现出先递减后增长的"抛物线"形,1.5℃温控目标下整个考察期的平均能源消费量将降至 2010 年的 65.1%。受传统化石能源技术的锁定效应(或能源系统惯性)和无碳能源技术的内禀技术进步周期的限制，早期的排放控制主要通过削减能源消费量来实现。2050 年以后，随着新能源技术主导地位的日趋凸显，其供能份额和总量都呈现明显的上升趋势。

负排放技术的发展可以有效缓解既定气候目标达成对能源消费削减的压力，尤其在长期尺度上。事实上，负排放技术是气候目标约束下能源重构的亮点，与集成煤气化联合循环和 CCS 组合技术（IGCC-CCS）最高 10% 的增幅相比，BECCS 技术在 2050 年就增长了 23.3%，到 2100 年将进一步增至 44.5%（图 3）。

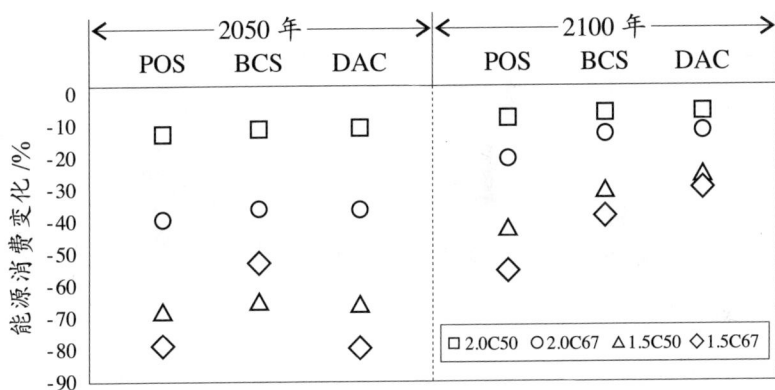

图 3 不同气候目标约束下的累计一次能源消费总量变化

注：POS 代表未考虑负排放技术的气候情景，BCS 代表 BECCS 负排放技术情景，DAC 代表 DAC 负排放技术情景。

DAC 技术的引入将进一步加大负排放技术对传统可再生能源技术的挤出效应。由此可见，在应对气候变化背景下，是否发展 CCS 或负排放技术在很大程度上决定了能源转型的方向，其将在长期的能源系统重构中扮演重要的角色。

（三）经济影响分析

气候变化的经济影响主要体现在两大方面：社会碳成本（SCC）和宏观经济（GDP）损失。我们的评估结果显示，对于 2℃ 温控目标而言，SCC 路径最高为 4 100 元 / t CO$_2$（2010 年价格），平均水平约为 1 900 元 / t。1.5℃ 温控目标要求平均 SCC 水平升至 2 250 元 / t CO$_2$，且 2020 年的 SCC 即达到 600 元 / t 以上，这一门槛值较 2℃ 温控目标至少提前了 20 年（图 4）。

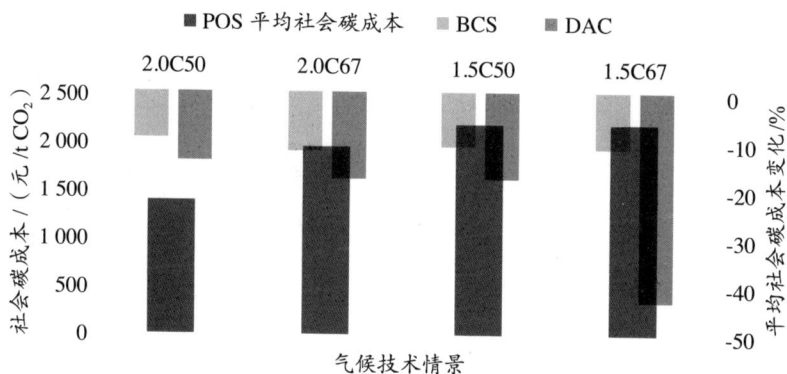

图 4 社会碳成本的跨情景比较

对经济产出损失的评估发现，对所有气候情景而言，排放控制引起的经济损失均呈现先增后减的趋势，且自 2080 年开始，气候-经济关系由负转正；负排放技术的引入可以显著降低气候目标约束下的经济影响，且气候目标越严格，技术引起的缓降效果越明显。具体来看，考虑 BECCS 技术时，平均 SCC 水平下降 10% 左右，而在 DAC 技术情景下，这一数值最多下降 43.4%。

（四）从 2℃到 1.5℃的综合含义解析

从 2℃到 1.5℃温控目标的战略调整对我国而言意味着什么？这涉及排放、能源和经济的全方位对比。

从排放角度来看，中等概率的 1.5℃温控目标要求碳排放在 2020 年之前达峰，也即较 2℃温控目标提前 10 年以上，而近零排放的时间点也需要提前约 10 年。

从能源系统角度来看，1.5℃温控目标的达成需要考察期内的累计能源消费较 BAU 情景多削减 20.6% 以上，而当考虑负排放技术时，对应的降幅可达到 16.4% 左右。

从经济角度来看，1.5℃温控目标对应的社会碳成本较 2℃温控目标高出 11.84%，负排放技术的引入能显著降低气候目标下的 SCC 水平。较之 2℃温控目标，1.5℃温控目标意味着 21 世纪内的累计 GDP 损失高出 9.51%，而在负排放技术的干预下，这一数值可缩减近 2%。整体来看，1.5℃温控目标的累计 GDP 损失可达到 2℃温控目标的 2.5 ～ 3 倍。

四、政策启示

我国的高气候易损性特点使有效的长期排放控制战略不仅"利人"，也更加"利己"，前者在于我国的积极行动可以为《巴黎协定》气候目标的最终实现贡献不可或缺的力量，后者则可有效避免我国宏观经济和社会福利遭受不可逆转的气候灾害损失，同时带来可观的环境协同收益，推动就业并降低能源安全风险。

因此，我国应始终从国家战略层面重视应对全球变暖挑战，积极开展国家和行业层面的减排实践（如碳交易市场），一如既往地推动国际合作控排行动和实质性协议的达成。在积极贯彻《巴黎协定》的温控目标倡议时，应做好充分的能源重构、产业调整和经济适应准备，尽早整体布局是有效控制排放、实现既定目标，同时降低政策成本的核心举措。负排放技术的发展在能源重构中的重要角色还要求政府加强对生物质原料的生产、贸易、废料处理等一系列优化管理，并承担起建立相关国家标准，引领技术规范化、规模化发展的重任。

（原文刊于《管理世界》2019 年第 10 期，此处作者有修改）

中国实现二氧化碳排放达峰与碳中和的机遇与挑战

国家应对气候变化战略研究和国际合作中心学术委员会主任　　李俊峰

一、应对气候变化问题的源起与本质

地球大气层的温室效应维护着人类及万物赖以生存的各种复杂生态循环系统的微弱平衡，一旦这种平衡被打破，人类的生存与发展就会面临严峻的威胁。自 18 世纪中期开始，人类大量消耗化石能源，向大气中排放了上万亿吨二氧化碳等温室气体，使地球表面温度发生了显著变化。1972 年，首届联合国人类环境会议召开，要求人们关注工业化过度排放的温室气体所产生的气候变化问题。20 世纪 80 年代后期，联合国组织了 IPCC，开始专门研究气候变化问题。IPCC 于 1990 年向联合国提交了第一次评估报告，明确指出工业化以来，地球表面温度的变化超过了历史记录自然变化的幅度，这种变化正威胁着人类赖以生存的大气、水循环系统，需要积极应对。工业化过程中排放的二氧化碳等温室气体是造成这种变化的主要原因，减排温室气体是延缓气候变化的有效措施。为此，1992 年召开的联合国环境与发展大会达成了《联合国气候变化框架公约》（以下简称《公约》），要求缔约方各国本着"共同但有区别的责任"原则

（CBDR）和各自能力原则，努力控制温室气体排放。

经过多年的努力，2015 年 12 月，《公约》缔约方达成《巴黎协定》，提出在 21 世纪末将全球的温升与工业化之前相比较控制在 2℃以内，并为控制在 1.5℃以内而努力。实现这一目标的措施就是在全球范围内使人为活动排放的温室气体总量与大自然吸收总量相平衡，即碳中和。碳中和不是二氧化碳零排放，而是一个国家之内的净零排放，即一个国家领域内的二氧化碳排放与大自然所吸收的二氧化碳相平衡。其目的是维持大气层中的温室气体浓度大致平衡稳定，不会导致地球表面温度的大幅变化，防止气候变化造成不可挽回的损害。

为了实现这一目标，《公约》秘书处要求缔约方各国在 2020 年年底前都要向联合国更新提高力度的 2030 年减排目标报告，提交面向 21 世纪中叶的国家低排放战略。2020 年 9 月 22 日，国家主席习近平在第七十五届联合国大会一般性辩论上发表重要讲话时指出，中国将提高国家自主贡献力度，采取更加有力的政策和措施，二氧化碳排放力争于 2030 年前达到峰值，努力争取 2060 年前实现碳中和。

早在气候变化问题谈判的初期人们就敏锐地发现，气候变化是一个环境问题，也是一个发展问题，归根结底还是一个发展问题。笔者认为，气候变化的本质是发展方式的转型，即告别资源依赖，走向技术依赖。因为资源存在有无之分，随着经济社会发展规模的不断扩大，资源变得稀缺乃至枯竭，必然导致资源使用成本增加，经济社会发展后劲不足，甚至导致国际纷争。因此，资源依赖型的发展模式不可持续。而技术推动型发展模式所依赖的是技术，技术是不断进步的，而且可以产生叠加和累积效应，持续推动发展，使发展成本不断下降，因此技术依赖的发展模式可以被学习、被模仿、共享和可持续。在科学技术不断进步的今天，技术与发展的关系更加密切。

二、中国提出碳达峰与碳中和目标的意义与谋划准备

碳达峰目标与碳中和愿景是党中央、国务院统筹国内国际两个大局作出的重大战略决策，影响深远、意义重大。从国内来讲，这一重大宣示为我国当前和今后一个时期，乃至 21 世纪中叶应对气候变化工作、绿色低碳发展和生态文明建设提出了更高的要求，擘画了宏伟蓝图，指明了方向和路径；从国际来看，这一重大宣示展示了中国应对全球气候变化作出的新努力、新贡献，体现了中国对多边主义的坚定支持，为推动全球疫后经济可持续和韧性复苏提供了重要的政治动能和市场动能，也充分展现了中国作为负责任大国，为推动构建人类命运共同体的担当，受到国际社会的广泛认同和高度赞誉。

同时，碳达峰目标与碳中和愿景的提出，也早有谋划。

一方面，关于二氧化碳排放达峰问题，早在 2013 年我国政府就组织了 2050 年中国低碳发展宏观战略研究，那时就已经预判了我国可以在 2025 年前后实现二氧化碳排放达峰，并基于国情对碳达峰做了战略路线的估计，即煤炭消费率先达峰，为非化石能源（可再生能源加核电）或低碳能源（非化石能源加天然气）的发展留出空间；工业部门率先达峰，为其他行业特别是人民生活水平提高所增加的二氧化碳排放留出空间；东部地区率先达峰，为中西部地区的发展留出排放空间。为了稳妥起见，国家对《巴黎协定》自主贡献的承诺是 2030 年前后实现碳达峰，并尽早达峰。这一宣示，已经暗含了 2030 年之前可能达峰。

另一方面，关于碳中和，国家主席习近平在 2020 年 9 月 22 日首次

对外宣示，但实际上以习近平同志为核心的党中央对这一问题早有谋划。从"绿水青山就是金山银山"的提出，到2014年"四个革命、一个合作"能源安全新战略的提出，到2018年中央财经委员会第一次会议提出"调整能源结构，减少煤炭消费，增加清洁能源使用"，再到2019年10月习近平总书记明确指出"能源低碳发展关乎人类未来"，而且在美国退出《巴黎协定》后，我国党和国家领导人多次强调，中国将全面履行《巴黎协定》，100%兑现自己的承诺……这些都为9月22日的重大宣示做好了铺垫。

三、实现碳达峰与碳中和的机遇与挑战

无论是碳达峰目标还是碳中和愿景，对我国的发展转型既是机遇也是挑战。全球应对气候变化实质上是一场国家之间发展转型的竞赛。

（一）挑战

一方面，我国碳达峰到碳中和的缓冲时间短。欧洲大致在20世纪八九十年代实现碳达峰，这是一个自然过程，事后才知道什么时间二氧化碳排放出现峰值，达峰之后要经历漫长的平台期才开始缓慢下降，目前即将走向快速下降和碳中和。欧盟承诺的碳中和时间与碳达峰时间的距离是65～70年。我国则是人为设定了达峰时间表，现在二氧化碳排放仍在攀升，没有看到峰顶，实现达峰还需要做出艰苦努力，进而考虑实现碳中和。但我国承诺的碳中和时间与碳达峰时间的距离约为30年，这就意味着达峰之后平台期的缓冲时间很短，要稳中有降，甚至快速下降。最大的挑战是，与欧洲相比，虽然减排道路几乎相同，但我国的缓冲期较短。

另一方面，我国单位 GDP 能源强度、碳排放强度水平较高。数据显示，我国的单位 GDP 能源强度是世界平均水平的 2 倍多、欧盟的 4 倍多，单位 GDP 碳强度是世界平均水平的 3 倍多、欧盟的 6 倍多。这在很大程度上要依赖经济发展方式的转变，以降低能耗和碳排放水平。

（二）机遇

一是我国将加快经济发展方式的转变。我国将进入新发展阶段，全面贯彻新发展理念，着力构建新发展格局，经济由高速增长阶段转向高质量发展阶段，而且坚持创新在我国现代化建设全局中的核心地位将激发更多创新活力，从根本上支撑碳达峰目标和碳中和愿景的实现。

二是可借鉴国际诸多先进的减排经验。近 30 年，国际上积累了有关大气污染物减排、二氧化碳减排、能源低碳发展的诸多经验，包括政策工具、市场设计、技术积累、管理经验甚至前车之鉴等，我国可以充分借鉴，这有利于缩短实现碳中和的进程。例如，英国伦敦和德国鲁尔的大气污染治理都用了 20 多年的时间，东欧的大气污染治理因为有了样本参照和技术进步，用了不到 10 年的时间，即时间可缩短一半。

三是能源效率和可再生能源等低碳技术不断进步。这是文明与技术进步的趋势。以光伏发电成本为例，1990 年每千瓦时光伏发电成本约 100 美元，2000 年降低到 10 美元，2010 年降低到 1 美元，现在的平均水平是 5 美分，可实现平价上网甚至低价上网，2030 年以后的成本是多少，我们还不能做出准确判断，但肯定是继续降低的。从中远期来看，低碳技术的成本将会有较大幅度的下降，可助力我国降低碳排放。

四是非化石能源替代水平与能效进步表明实现碳中和具备可行性。2019 年，我国新增非化石能源发电量约 2 000 亿 kW·h，折合 6 000 万 tce。如果加大政策支持力度，我国新增非化石能源发电量将提高到每年 3 000

亿 kW·h，即每年可提供 1 亿 tce 的非化石能源，若坚持 30 年，即可新增 30 亿 tce 的非化石能源，如果届时能源效率再提高 50%，我国能源消费量到 21 世纪中叶将控制在 30 亿 tce 左右，我国在 2050 年前后有实现碳中和的可能，因此与提出的 2060 年碳中和还有 10 年左右的缓冲期。

五是我国实现碳中和有市场、制度等多重优势。我国的民众力量、市场选择和制度优势都会对碳中和起到促进作用。发挥好我们国家的制度优势，调动民众、企业和政府三方面的积极性，什么样的困难都可以克服。

[原文刊于《电力决策与舆情参考》2020 年第 42、43 期（合刊）]

碳中和，新全球博弈刚刚开始

中国人民大学重阳金融研究院执行院长　王文

碳中和，俨然已成为当下全球政治最热门的话题。2021 年 4 月 22 日，全球领导人气候峰会召开，美国在作出 2050 年实现碳中和目标承诺和 2 万亿美元涉及气候变化与能源转型的新基建计划基础上，再次承诺与 2030 年相比，2005 年温室气体排放将降低 50% ～ 52%；日本提出与 2030 年相比，2013 年碳排放将降低 46%（此前是 26%）；加拿大将 2030 年的减排力度在此前设定的目标上再提升 10% ～ 15%；英国更是激进地计划将在 2035 年之前减少 78% 的碳排放量并实现碳中和（比此前目标提前 15 年）；等等。这些国家的减排新目标，看似大国雄心，实则"空头支票"，其只有宣示却毫无切实有效的减排路径依托的背后，折射的却是围绕碳中和的新一轮全球博弈。

一、与碳中和相关的四大全球新博弈

笔者曾撰文以"全球低碳经济战"来形容当下日益白热化的全球低碳经济竞争。该观点在全球领导人气候峰会当天同时举行的全球最大规模的智库论坛"通往碳中和的未来之旅：G20 智库国际论坛"上还被主办方公开重点引述，可见国际社会对碳中和竞争的敏感度。

当前，约 130 个国家都作出在 21 世纪中叶或之前实现碳中和的重大发展战略承诺，试图通过植树造林、节能减排、能源转型等各种方式抵消目前被视为引起全球气候变暖首要因素的二氧化碳的排放。这是难得的全球共识，但问题在于共识兑现的路径怎样？减排背后的矛盾怎么解决？再出现像特朗普那样退出《巴黎协定》的重大变数怎么办？如何注资？谁来注资？通过怎样的规则、技术、标准来实现？这些问题都将涉及未来残酷且激烈的国际政治博弈。

大体来讲，碳中和将至少面临四大全球新博弈。

一是标准之争。为实现碳中和的目标，各国纷纷进入应对气候变化和发展低碳经济的"快车道"，但国际社会对新兴绿色低碳产业的行业认定、标准制定、规则约定、市场准入门槛等都缺乏共识，有的分歧还相当大。例如，中美在绿色项目与企业的信息披露机制上就难以统一；中国发行的贴标绿色债券，只有约 10% 符合国际 CBI 标准；等等。可以肯定的是，未来各类低碳标准将面临着相当严峻的国际谈判。谁能占据先机，谁就有可能掌握全球低碳发展领导权。

二是技术之争。围绕新兴绿色产业与技术研发的竞赛在全球早已展开。以前沿减排技术 CCUS 为例，欧盟、美国早已提前部署技术研发，笔者 2009 年采访了当时的挪威总理，后者还亲自推广 CCUS 的挪威优势。相比之下，中国在技术链条上的发展应用水平并不一致，多项技术仍需持续加大研发力度与商业化改造。可以想象，低碳技术的领先将伴随后续的技术授权转让、绿色产业升级等方面的更大红利。这无疑是一场新的产业革命。谁领衔产业技术创新，谁就有可能领衔下一轮大国崛起。

三是经贸之争。在碳减排的约束下，跨国贸易投资与其他经济活动更偏好于在低碳经济体之间进行，商品交易与原材料生产、加工、运输的链条随之发生位移。全球供应链、产业链的绿色低碳转型势头会增强。绿色与低碳贸易壁垒会日益增多，相关的摩擦与争端也会层出不穷，以绿色低碳产业为重心的国际新经贸结构将逐渐代替原有的经贸格局，成为未来支撑国际经济体系的主流。谁在新经贸格局下调整迅速，谁就有可能引领国际贸易流量。

四是资金之争。未来国际资本的投向偏好将倾向于环境保护、生态修复、国土绿化、资源节约、绿色交通、清洁能源等领域。与碳中和相关的融资、并购、发债等议程将升格为国际金融市场的重点热门话题，与之相关的还有低碳法律配套、资源估值、碳金融市场、环境信息披露、绿色股权融资配比等一系列新投融资规则的再制定与各国的绿色优惠政策。谁透析未来国际投资的绿色化动向，谁就有可能塑造未来国际投融资的趋势。

二、碳中和，中国在国际舆论上的新挑战

从 2020 年秋季以来我国历次高层表态与各类文件、会议可知，中央决策层对实现碳中和的决心之大、力度之大前所未有。这不仅关乎可持续发展的国家战略，也展现了中国负责任大国形象的切实行动。从全球视野来看，一场绿色低碳发展的国际话语权之争在所难免。

如果说，技术竞争、经贸转向、标准重设或行业转型等领域对我国而言还仅是相对较长期应对的事情，那么作为第一大碳排放国家（约占全球 30%），在碳中和成为全球舆论共识的大背景下，当前我国恐怕还会面临新一波的西方舆论攻击甚至抹黑，也不排除被视为导致全球变暖的

"罪魁祸首"，这正是西方国家借以打压我国进一步发展的"政治图谋"。

一是因"隐含碳"而使我国碳排放总量被高估的责任挑战。中国是"世界工厂"，制造业占全球的比重约为30%，大量生活消费品在国内生产、他国消费，滞留在中国本土却不应计入中国排放量的就是所谓的"隐含碳"。很显然，国际社会长期采用的"领土内的排放责任"或"生产者负责"的碳减排原则对新兴经济体是不利的。早已实现工业化的发达国家可以通过向海外转移高排放、高污染产业的方式，实现减排责任转嫁的进口替代。

经济合作与发展组织（OECD）和红杉中国的报告显示，2015年中国净出口贸易中的隐含碳排放高达20.14亿t，约为中国当年碳排放总量的20%，是全球第四大碳排放大国印度的总量，约为OECD所有成员国滞留他国的"隐含碳"的70%。换句话说，中国在碳排放总量里承担了本应由他国承担的部分碳排放份额。发达国家贪婪的消费欲望，导致生产规模的全球扩张，恶化了全球气候环境，却滞后性地将减排责任强加给新兴经济体。可以想象，中国极有可能成为西方国内气候政治的最大替罪羊。

二是因"碳核算"的国际话语权旁落而产生的数据风险。目前，由国际能源署（IEA）、美国橡树岭国家实验室（ORNL）、全球大气研究排放数据库（EDGAR）、美国能源信息署（EIA）、世界银行（WB）、世界资源研究所（WRI）和英国石油公司（BP）7家组成的碳排放核算机构，基本覆盖了绝大多数国家的碳排放核算数据，垄断了碳排放核算方法体系的国际话语权。

国务院发展研究中心的课题组报告《国家碳排放核算工作的现状、问题及挑战》显示，目前根据中国向国际社会提交的气候变化国家信息通报及中国科学院碳专项报告的核算结果，国际机构碳核算普遍高估了中国碳排放量，最高达 7%，与中国科学院的碳专项相比，竟出现被高估 20% 的现象。可以想象，当碳排放越来越成为国际竞争的重要指标、碳市场越来越成为国际资金流动的重要领域时，一场碳核算的公信力之争就会出现。

三是以"碳斜率"为特征的中国持续发展与中外竞争的碳约束压力。构想一幅数轴图，横轴是时间，纵轴是碳排放量，那么碳达峰即最高点，碳中和即零点。很明显，1979 年实现碳达峰的欧盟、2005 年实现碳达峰的美国都承诺在 2050 年实现净零排放，将分别用 71 年和 45 年，从顶点到零点的斜坡是较缓和的。但中国只有 30 年，是非常陡峭的"碳斜率"。

中国需要用更高的效率、更短的时间完成与发达国家同样的任务。许多年长者还记得 20 世纪 50 年代伦敦雾都、洛杉矶化学烟雾污染的经历，中国没有走欧美国家"先污染、后治理"的老路，而是选择了一条坎坷的自我约束发展之路。笔者曾在其他文章中写过，中国崛起与历史上所有大国崛起相比有一个重要的不同点，就是"自我约束"。中国不侵略他国，不挑起战争，不输送难民，不欺负小国，并承诺不率先使用核武器，签署了绝大多数国际公约，现在还要再通过绿色清洁、低碳发展约束自己的发展速度。一方面，这是新型的大国崛起文明，也是世界文明发展的新变化；另一方面，这也是中国发展前所未有的压力。

三、对外讲好中国碳中和的故事

碳中和是一项关乎人类文明存续的攻坚事业，也是颠覆中国现代化以来所形成的空间格局、产业结构、生产方式、生活方式的一场文明革命。但碳中和在中国的实现，远比在其他发达国家实现的难度与阻力更大，中国政府需要投入与付出的也远比其他国家多。

欧美国家普遍要在 2040 年、2050 年甚至更早时间点实现碳中和的目标，令中国的 2060 年碳中和目标在国际舆论中显得被动。西方舆论普遍认定中国为全球经济强国，甚至已超过美国成为全球第一大经济体，很难对"中国在未完成工业化时倒逼碳达峰、以牺牲经济增长为代价而实现碳中和"产生共情。加之新兴的绿色低碳行业认定与减排标准、碳金融规则约定与市场准入等都面临着国际博弈和谈判，"3060"战略目标的国际合作与竞争已经开始。

在中国平均每 5 人才有一辆汽车，而在美国人均一辆车，且美国的汽车排放量比中国更大。在中国，实际城镇化率只有约 50%，在美国则是 80%。中国人均用电量也只有美国的一半。碳排放在相当大程度上代表着大规模生产、高耗能生活。中国人均收入仅有美国人均的约 20%。中国未富就面临着"碳约束"。若西方舆论还步步紧逼，则势必会刺激中国一些人因不公平的碳排放权而产生"碳排放民族主义"。由此来看，对内凝聚碳中和的社会共识、对外讲好碳中和的中国故事变得越来越重要。

第一，应掀起一场碳中和的社会教育风潮，塑造中国社会运行与民众生活的集体共识。当前，许多地方主官还不知道什么是"3060"战略目标以及如何实现；大多数普通民众更是不清楚碳中和为何物，以及会给中国带来什么、自己能为碳中和做什么；非能源类的一般企业对碳中和的热情也还不高。更深入、更普及、更持久的大众教育变得很紧迫，也很必要。类似"全国县委书记碳中和培训班""碳中和企业高管班""碳中和大众书系"等都可以成为未来社会观念升级的重要方式。中国社会对碳中和重要性的认识，应该像当前国人对精准扶贫、健身跑步、中医理疗等的熟悉与风靡。

第二，应重视碳中和的对外传播，培养更多低碳发展所需要的改革、法律、研究、教育等方面的前沿人才。4月30日，中央政治局在就生态文明建设进行集体学习时要求，各级党委和政府应"明确时间表、路线图、施工图"。各级政府需要尽快拿出应对气候变化的具体落实方案，通过税收减免、贷款担保及其他绿色金融工具与政策激励来塑造市场以为低碳项目进行融资，加快完善全国碳市场，配置全国的金融资源与自然资产，使之服务于"零碳社会"的实现。更重要的是，要激励各类善于对外交往的人才，用外媒发文、采访、新媒体、影视作品等方式在国际社会讲述中国为应对气候变化而付出的艰辛与努力，提升中国气候治理的话语权与国际公信力。

第三，应尽快加大布局低碳技术，深化气候治理相关技术成果的转化与国际市场的拓展。低碳技术不能重复芯片产业的国际被动局面，而应尽早占据中国低碳技术的国际制高点。这里不仅要尽快提升中国碳核算与低碳技术的国际市场权威度，大力开展气候环境信息的数据库建设，创建碳排放检测数据中心与监测平台、推广绿色智慧城市等，还要通过技术升级、政策激励、基金引导、创建重点实验室等方式进一步唤醒民企雄心，撬动产业资本，创新融资工具，激发民间热情，开展技术攻关与成果转化，加强与国际市场的合作，鼓励具有竞争力的低碳技术走向国际市场，营造全社会浓厚且可持续的碳中和技术创新氛围。

第四，应以应对气候变化对话为重要突破口，缓解来自美国的国际压力与紧张氛围。美国当前已将中国列为首要竞争对手，各个领域的竞争甚至对抗之势不断加剧，但应对气候变化却是少数几个两国能真诚合作、追求共同利益的领域。通过在气候变化应对方面的合作，中美两国的对话不妨延伸至绿色金融、光伏基建、绿色经贸等领域，重塑因特朗普执政而受到严重冲击的两国接触机制。两国智库也可努力合作，研发更多绿色金融的评价性指标，如碳盈亏、碳平衡表，建立更多"绿色金融国际合作项目"标杆库，夯实全球绿色金融合作网络，尤其是调动金融机构的积极性，引领中美投资合作绿色化，推动美国投资者通过各种渠道投资中国的绿色债券、绿色股票、绿色基金和绿色项目，让绿色金融进入两国主流金融市场，最终通过应对气候变化以及绿色金融的杠杆作用撬动更大范围的中美经济合作的内在需要。

总而言之，碳中和是一场广泛而深刻的中国经济社会变革。既然是变革，必然会面临压力，但压力往往又是前行的动力。中国按照改革开放以来的有效经验继续坚定走好自己的路，按既定方针与自身节奏推动绿色低碳转型，相信一定能在复杂的国际博弈中突出重围，实现国家的长远高质量发展，助力民族复兴。

（原文刊于《中国经济评论》2021 年第 5 期）

中国将如何迈向碳中和

2020 年 12 月 21 日，国务院新闻办公室发布《新时代的中国能源发展》白皮书，清晰地描绘了我国 2060 年前实现碳中和的"路线图"。在近期的中央经济工作会议上，"2030 年碳达峰"和"2060 年碳中和"被列为 2021 年八项重点任务之一。碳中和目标是我国为了应对全球气候变化付出的行动，彰显了大国的责任和担当，对全球可持续发展具有重要的意义。

碳中和意味着经济社会活动引起的碳排放和商业碳汇等活动抵消的二氧化碳以及从空气中吸收的二氧化碳量相等。由于实际生产生活中不可能不排放二氧化碳，碳中和的概念其实是通过拥有等量碳汇或用国外碳信用冲抵自身的碳排放来实现净碳排放接近于零。

一、发电和工业端及交通部门是碳排放的主要来源

从能源消费和碳排放现状来看，在资源禀赋的约束下，我国的能源结构仍然以化石能源为主。2019 年，我国的煤炭消费占比为 57.5%，石油消费占比为 18.9%，天然气消费占比为 8.1%，化石能源消费总量占比

接近 85%。不断增长的能源需求和以化石能源为主的能源消费结构导致我国二氧化碳排放较高。目前，我国由化石能源消费产生的碳排放量接近 100 亿 t。从分品种化石能源碳排放量来看，首先是煤炭消耗导致的二氧化碳排放量，已经超过 75 亿 t，占化石能源碳排放总量的 75% 以上；其次为石油和天然气消耗导致的二氧化碳排放，其占比分别约为 14% 和 7%。

从不同行业的碳排放来看，作为一个高度工业化国家，我国的碳排放主要集中于发电和工业端，交通部门的碳排放也占有较大份额，而农业、居民、商业和公共服务等行业的碳排放相对较低。具体来看，对于发电行业而言，作为一个国家的经济命脉，电力部门在国民生活中占据不可或缺的地位。目前，我国的电源结构仍然以煤电为主，截至 2019 年年底，燃煤发电装机容量占发电装机总容量的 51.8%，2019 年的燃煤发电量则占发电总量的 62.2%。根据国际能源署的最新数据，中国电力和热力生产部门贡献了超过 50% 的化石能源碳排放。

从工业端来看，能源加工行业、钢铁行业以及化学原料制造业等相关高耗能行业不仅是煤炭消费的重点行业，也是二氧化碳排放的主要行业。除电力和热力生产行业之外，其他工业行业贡献了将近 30% 的化石能源碳排放。从交通行业来看，随着我国城镇化的持续推进，其能源消费和碳排放也呈现显著的递增趋势。交通行业以石油消费为主，目前贡献了大概 10% 的化石能源碳排放。

二、碳中和策略需要统筹规划、分行业设计、分阶段实施

考虑到如此巨大的碳排放总量，我国在 2030 年实现碳达峰之后，需

要在接下来的 30 年内完成碳中和目标，这将推动能源系统发生颠覆性改变。可再生能源、储能行业、节能行业和 CCUS、BECCS 等相关低碳、零碳以及负碳行业需要加速推广。可再生能源替代化石能源是碳中和目标实现的主导方向。由于不同减排技术的成本收益差异较大，不同行业的实施难易程度有所不同，我国的碳中和策略需要统筹规划、分行业设计、分阶段实施。

对于电力行业来说，电力系统的深度脱碳是我国实现碳中和目标的关键。在电气化发展的大方向下，未来的电力系统将形成以"可再生能源 + 储能"为主的电力供给体系。在过去的 10 年中，可再生能源发电成本已经显著下降，尤其是光伏发电，其成本下降超过 90%。而随着可再生能源的再次大规模发展，在规模经济的作用下，其成本有望进一步下降。但是，可再生能源发电与储能技术相结合才是推动其大规模应用的关键。可再生能源中风电、光伏具有显著的间接性和波动性的特点，在大规模并网之后会对电力系统和电网的稳定性产生冲击。储能系统可以通过负荷管理进行电网调峰。可再生能源与储能系统的结合不仅可以有效地提升可再生能源发电的可靠性和稳定性，而且可以有效地降低电力系统的碳排放，推动碳中和目标的实现。

从工业端来看，未来我国有望摆脱"高能耗、高污染"的产业结构。随着城镇化建设的完成，我国对钢铁、水泥等产品的需求可能出现大幅下降，工业部门的化石能源消耗和碳排放将大幅下降。煤炭、石油等化石能源将主要作为工业原材料投入使用，其排放的二氧化碳较少。而要实现工业端的完全零碳排放，需要结合自然碳汇以及 CCUS 等负排放技术。短期内，在这些技术实现突破性进展之前，提高工业端的能源使用效率、控制煤炭消费并加快煤炭替代是降低碳排放的重要手段。

对交通部门而言，随着新能源汽车技术的发展和交通基础设施的完善，未来电动汽车将对传统燃油汽车实现有效替代，路面交通将实现完全电气化。因此，电动汽车加上完善的交通基础设施将是路面交通部门实现脱碳的重要途径。当然，随着制氢成本的下降以及氢能技术的成熟，未来氢燃料电池汽车也值得期待。对于航空、航海等交通部门，生物燃料、氢燃料等相关能源的使用可以降低这些部门的碳排放，对于无法避免的碳排放，则可以通过自然碳汇以及 CCUS 等技术实现零碳排放。

从碳中和目标的实施阶段来看，我国需要统筹规划，从"十四五"规划开始布局，逐步引导投资转向零碳和负碳领域，在接下来的各个五年规划中制定明确的减排目标，并配以相应的减排政策支持。整体来看，我国的碳中和路径大致可以分为三个阶段。

第一阶段（2021—2030 年）的主要目标是实现碳排放达峰。在短期内，由于煤炭仍然是我国能源的主体来源，随着电力需求的增长和工业化的深入推进，发电和工业端的能源消费和碳排放将保持一定的增长态势。另外，我国目前人均汽车保有量非常低，仅为发达国家的 1/4 左右，未来交通部门的能源需求增长空间依然很大，短期内交通碳排放还将持续增长。因此，在碳达峰的主要目标之下，此阶段的主要工作是提高能源使用效率，逐步替代发电和工业端的煤炭消费，控制煤炭消费总量，大力发展可再生能源，推进新能源汽车对传统燃油汽车的替代，引导消费者向低碳生活方式转型。

第二阶段（2031—2045 年）的主要任务是快速降低碳排放。在碳达峰目标实现之后，我国需要在接下来的 30 年内将超过 100 亿 t 的碳排放实现净零排放，因此在这 15 年内，我国需要快速降低碳排放。一方面，随着可再生能源和储能成本的显著下降，"可再生能源 + 储能"将逐步实现平价上网，实现对化石能源的有效替代；另一方面，随着电动汽车成本的下降和交通基础设施的完善，"电动汽车 + 交通基础设施"的组合将有效替代传统燃油汽车。因此，此阶段的主要手段包括大规模利用可再生能源，大面积完成新能源汽车对传统燃油汽车的替代，实现交通部门的全面电力化，加大 CCUS、BECCS 等负排放技术的推广使用，完成第一产业的减排改造。

第三阶段（2046—2060 年）的主要任务是深度脱碳，实现碳中和目标。在此阶段，CCUS、BECCS 等相关技术将逐渐成熟，可以实现大规模推广。可再生能源、储能、氢能等相关技术实现商业化利用。在工业和发电端、交通等领域完成清洁低碳改造之后，对于那些无法实现零碳排放的行业来说，可以通过碳汇、CCUS、BECCS 等负排放技术来实现碳中和目标。

三、如何保障碳中和目标的实现？

在未来 40 年要实现碳中和目标，对于我国来说挑战与机遇并存。在逐步完成碳中和目标的过程中，新能源行业、储能行业、CCUS 等零碳和负碳技术排放行业将迎来比较快速发展，我国高质量发展进程将加速推进。为了保障我国碳中和目标的实现，需要做好以下几方面的工作。

一是健全应对气候变化相关法律法规，完善相关制度建设。气候变化相关法律法规是碳中和目标实现的必要条件。将碳中和目标纳入社会发展规划目标中，完善气候变化相关立法工作，不仅可以将碳中和愿景提升为社会行动共识，而且可以保障碳中和承诺有法可依、有据可循。另外，还需要加快构建统一有效的全国用能权、碳排放交易市场，充分发挥市场机制在节能减排中的作用。

二是在未来 40 年内达到碳中和，对我国来说时间比较紧迫，需要从"十四五"规划开始布局，在未来 40 年的各个五年规划中提出阶段性的减排目标，争取在碳中和相关领域提前布局。特别是要鼓励国有能源企业积极尽早入局，利用雄厚的国有资金和成熟的技术积累发挥优势，成为清洁、低碳、安全、高效的能源体系下的重要参与者和贡献者。

三是完善能源科技创新政策设计，推进关键零碳和负碳技术的发展。碳中和过程的深入推进需要配套 CCUS、BECCS、储能、氢能等零碳和负碳技术作为支撑。政府需要完善能源科技创新政策设计，重点关注发电、工业、交通等相关领域零碳和负碳技术的发展，争取从产业链和技术上走在世界前列。当然，由于技术变革速度和方向存在不确定性，未来还需要加强新兴技术的研发和创新。

四是增强能源国际合作，加快全球碳减排进程。目前，全球有超过 120 个国家提出了碳中和目标，作为全球最大的碳排放国和煤炭消费国，我国碳中和目标的提出无疑会加快全球气候变化治理进程。增强国际合作不仅可以提升我国的国际影响力，而且可以实现在不同国家之间节能减排、低碳、零碳以及负碳等相关技术上的互补，最终实现互惠互利、合作共赢。

（原文刊于《21 世纪经济报道》2020 年 12 月 25 日）

国际碳中和的进展、趋势及启示

中国社会科学院世界经济与政治研究所副研究员　田慧芳

2015 年 12 月，《巴黎协定》正式签署，其核心目标是将全球气温上升控制在远低于工业革命前水平的 2℃以内，并努力控制在 1.5℃以内。要实现这一目标，全球温室气体排放需要在 2030 年之前减少一半，在 2050 年前后达到净零排放，即碳中和。为此，很多国家、城市和国际大企业均作出了碳中和承诺并展开行动，全球应对气候变化行动取得积极进展。

一、疫情前国际气候行动的主要进展

第一，煤炭产能和投资下滑。在履行《巴黎协定》要求和推进能源转型的双重背景下，各国增加了天然气和可再生能源在发电结构中的占比，全球煤炭产量自 2014 年开始加速下降，煤炭投资也持续收缩。目前，80 个国家和地方政府及企业加入"燃煤发电联盟"，承诺逐步淘汰燃煤发电。在金融市场上，已有 30 多家全球性银行和保险机构宣布将停止为煤电项目提供融资和保险服务。近 1 000 家资产超过 6 万亿美元的机构投资者也承诺将从化石燃料领域撤资。

第二，可再生能源投资持续提升，海上风电投资创历史新高。截至 2019 年年底，可再生能源占全球装机容量的 34.7%，高于 2018 年的 33.3%。2019 年可再生能源在全球净发电量增量中所占的份额为 72%，其中 90% 来自太阳能和风能。全球能源消费已经开始由以石油为主要能源向多能源结构的过渡转换。

第三，全球电动汽车年销量呈指数级增长。根据国际能源署的最新报告，2019 年电动汽车的全球销量突破 210 万辆，占全球汽车销量的 2.6%，同比增长 40%。66 个国家、71 个城市或地区、48 家企业已经宣布了逐步淘汰内燃机、改用零排放汽车的目标。中国和挪威等国都发出强烈政策信号，要大幅提高电动汽车的比重。

第四，绿色及可持续金融市场发展迅速。全球绿色债券规模在 2019 年跃升至 2 500 亿美元，约占发行总债券的 3.5%，而 5 年前这一数字还不到 1.0%。中国贴标绿色债券发行总量位居全球第一。作为国际公共气候资金的主要提供者，多边开发银行的气候融资规模不断上升，2019 年达到 616 亿美元，占其总运营的 30% 以上，其中 76% 用于气候变化减缓，近 70% 用于中低收入经济体。亚洲基础设施投资银行（AIIB）的气候融资规模在 2019 年占其银行总运营的 39%。金融监管机构也意识到气候风险正在对金融体系构成威胁，具有联合国背景的负责任投资原则（PRI）国际组织强制要求签署成员自 2020 年起披露其气候风险和治理指标。

第五，实行碳定价政策的辖区数量翻了一番。碳定价已成为抑制和减轻全球温室气体排放并推动投资向更清洁、更高效替代品转移的关键政策机制。截至 2019 年年底，已有 40 多个国家和 25 个地区政府通过排放交易系统和税收对碳排放进行定价，覆盖了全球超过 22% 的温室气体排放，各国政府从碳定价中筹集了约 450 亿美元。

二、疫情对国际气候行动的影响

2020 年新冠肺炎疫情的流行导致全球经济衰退，大规模封锁造成的经济中断对区域供应链、就业和投资造成了严重影响，挑战了许多国家的经济基础，也对全球气候行动产生了深远影响。

一方面，疫情导致政府诸多优先事项发生变化，应对疫情冲击也给大多数政府带来巨大的财政压力，挤压了各国应对气候变化行动的财政空间。截至 2020 年 7 月，各国政府宣布的财政刺激方案总额接近 12 万亿美元，是 2008 年国际金融危机时刺激支出的 3 倍多。各国的刺激规模从 260 亿美元到 3 万亿美元不等，其中美国是最多的（3 万亿美元），但其相关计划基本没有涉及环境和气候领域，相反，特朗普政府还明确提出要为化石燃料行业提供支持。此外，受疫情影响，全球气候谈判进程受阻，第 26 届联合国气候变化大会（COP26）及《生物多样性公约》第 15 次缔约方大会（COP15）均被推迟到 2021 年，许多关键议题谈判被搁浅。

另一方面，疫情危机也转化为许多国家和地区加速低碳转型的动力。欧盟在 2019 年 12 月就通过了一项新的可持续增长战略——“欧洲绿色投资和公正过渡机制”，计划动员至少 1 万亿欧元使欧洲在 2050 年成为第一个碳中和大陆。疫情期间，欧洲理事会发布了“下一代欧盟”经济复苏方案，将应对疫情危机与之前的可持续增长战略相连接，将 7 500 亿欧元中的 30% 用于“绿色”支出，包括减少对化石燃料的依赖、提高能源效率、加大对环境和生态的保护等。欧盟刺激计划预计在未来 10 年增加 1% 的 GDP，创造 100 万个就业岗位，同时通过投资循环经济增加 70 万个就业岗位。几个欧洲国家也表示将以可持续的方式进行疫情后的重建：德国将 1 300 亿欧元刺激资金中的 1/3 用于公共交通和绿色氢开发等领域；法国为本国的航空公司提供了 110 亿美元的紧急援助，以帮助其在 2024 年实现减排 24% 的目标；丹麦拨款 40 多亿美元用于社会住房的改造，以增加绿色就业岗位；英国启动了 440 亿美元的清洁增长基金，用于绿色技术的研发。

2020 年 9 月，中国在联合国大会上作出"努力争取 2060 年前实现碳中和"的政策宣示，并出台了一系列"绿色"措施，包括提升新能源汽车的比重、启动绿色发展基金、促进绿色金融发展、加强上市公司和发债企业环境信息强制披露等。日本和韩国也继中国之后宣布要在 2050 年实现碳中和。韩国的"数字和绿色新政"计划投入 73.4 万亿韩元支持节能住宅和公共建筑、电动汽车和可再生能源发电。日本致力于加强太阳能、氢能和碳循环等重点技术领域的研发与投资。

中、欧、日、韩等国家和地区的碳中和承诺及绿色刺激方案不仅有利于促进疫情后的经济复苏，还将推动全球经济迈向更具可持续性、包容性、韧性的新阶段。

三、未来加快碳中和部署的关键事项

目前在全球 224 个国家和地区中，已经有 28 个国家和地区确立了在 21 世纪中叶前后达成碳中和的目标。从欧洲主要国家的碳中和战略部署来看，有以下几项共同的关键事项。

第一，加快部署成熟的零碳解决方案，包括施行煤炭淘汰计划，逐步降低天然气供热，建造大量零碳发电装机，推动发电低碳化，提升行业能效。能源的"可获得性、可支付性和环境友好性"已经成为欧洲国家和跨国石油公司转型的主要驱动力。2020 年 7 月，在国际能源署清洁能源转型峰会上，代表全球能源消耗和碳排放量 80% 的 40 个发达经济体和新兴经济体的部长强调，要让清洁能源技术成为推动经济复苏的重要组成部分。国际能源署预计，到 2035 年可再生能源发电（包括水电）占全球发电量增长的一半。能源效率的提高将主要集中在交通、建筑和制造业领域，这为智能家居、智能建筑的技术创新提供了机会。

第二，推广零碳技术，包括引导公共和私营部门加大关键技术的研发力度，如储能、可持续燃料、氢能、CCS 等。近年来，清洁能源行业经历了显著的技术变革，已经处于与化石燃料行业竞争的有利位置。一些大型科技公司不断加大对可再生能源、储能和燃料电池等领域的投资。未来 10 年，锂离子电池技术可能主导电动汽车市场。而在 2030 年后，更多潜在技术将超越锂离子电池技术的性能极限。此外，包括先进核反应堆和电动飞机等在内的广泛前沿技术也吸引了风险投资者的目光。氢能发展也将提速。日本早在 2017 年就发布了氢能源基本战略。2020 年 6 月，德国发布国家氢能战略，确认了"绿氢"的优先地位。随后，欧盟公布了酝酿已久的《欧洲氢能战略》，在未来 10 年内将向氢能产业投入 5 750 亿欧元。加拿大、中国等国家也在设计氢能发展蓝图。

第三，全面激发对绿色产品和服务的需求，包括提供税收优惠以鼓励民众淘汰旧的汽油车、建设绿色社区、实施零排放车辆战略、加大植树造林力度、对垃圾进行分类回收和循环再利用、加大对屋顶太阳能的补贴、取消相关电力税费等方面。

第四，创造有利的政策与投资环境，包括取消化石燃料补贴、进行气候立法、制定碳定价政策、引入新的清洁燃料标准、投资清洁技术、加大绿色采购力度等，还要在价格驱动力不足的情况下，为脱碳提供额外激励，鼓励金融机构的负责任投资等。

四、对我国的启示

我国应对气候变化的目标是力争 2030 年前实现碳排放达峰，努力争取 2060 年前实现碳中和，这意味着我国必须用 30 年的时间完成发达经济体 60 年完成的任务。可以预见，我国的碳中和之路将是艰巨而迅速的。从技术路线图来看，这个过程不是线性的，而是一个逐步加速的过程。我国需要充分借鉴国际经验，在未来 5～10 年优先推动重点排放行业和经济基础较好的地区率先实现碳达峰并进入下行区间，加大对关键清洁技术的支持力度，同时加强碳排放核查、立法规范等制度性建设，为中国在 2030 年后快速深度脱碳打好基础。

第一，优化能源结构，加速"去煤化"进程。能源电力行业承载着最先实现碳中和的期望。未来须合理控制燃煤电厂的总规模，尽快推进燃煤电厂的峰值发电，通过稳步推进传统小火电的淘汰退出和高效火电技术的替代，以及加强电网建设、解决可再生能源消纳等措施，使清洁电力在总发电量中的占比大幅提升。天然气需要在达峰阶段发挥"过渡性燃料"作用。因此，在中短期内须优化天然气供给结构，同时大力推动 CCUS 技术的商业化应用，降低燃煤和天然气的碳排放强度。

第二，推动交通电气化。要实现交通领域的碳中和，需要优化交通运输结构、提高交通运输工具效率、提升低碳能源的利用水平。为此，要加大对交通电气化的投资，大力推广智慧交通，提升新能源汽车的比重，同时积极推动航空和海洋领域生物燃料、氢燃料、电气化等技术的创新和应用。目前，我国对新能源汽车和氢燃料电池汽车的部署已经开始。根据国务院的最新文件，到 2025 年，新能源汽车新车销量要占汽车新车销售总量的 20% 左右；到 2035 年，公共领域用车将全面实现电动化，纯电动汽车成为消费主流。文件还规定，自 2021 年起，生态文明试验区、重点污染防治区域的公共领域新增车辆中新能源汽车比例不得低于 80%。可以预见，未来 10 年我国可持续交通（包括电动汽车、电动汽车充电基础设施和公共交通）建设将大大加速，新能源汽车与能源、交通、信息通信的深度融合也将全面展开。

第三，加快建筑绿色化和智能化。建筑部门应围绕提升能效、加大清洁能源利用、强化绿色标准等方面展开相关工作。要加大照明、制冷等节能技术产品的应用，对既有建筑进行节能低碳改造，提高新建筑的绿色标准，鼓励建筑领域清洁电力、低碳电力和天然气的使用等。

第四，促进消费低碳化。从需求端降低对高耗能产品的消费需求是实现碳中和的重要举措。一方面，需要加强节约型消费、绿色低碳消费等理念的宣传，出台激励措施，引导和鼓励居民购买节能低碳产品和使用智能化技术；另一方面，要加强对企业排放的监督，建立气候环境信息自愿披露规范，引导企业生产低碳产品和采用低碳技术，并通过回购旧家电、鼓励节能家电消费等方式促进新的绿色产业的发展。

第五，加快金融绿色化布局。推动气候投融资与绿色金融的协同发展，扩大绿色金融试点范围，引导金融机构提前布局净零碳经济，激发资本市场对低碳转型的支持力度，加强气候投融资的国际合作，并通过国家绿色发展基金、绿色债券等引导社会资本流向低碳行业，这将是解决我国低碳融资缺口问题的重要手段。

第六，完善碳定价机制，推动碳金融产品创新。碳交易市场即将在电力行业全面推开，首批纳入的发电/供热行业企业有 1 700 余家，排放量超过 30 亿 t，占我国排放总量的 46%。石化、化工、建材、钢铁、有色、造纸、电力、航空八大行业的碳排放报告与核查及排放监测计划制订工作按计划已经于 2019 年 5 月 31 日前完成核查、复核与报送，预计将逐步纳入碳市场。但从目前七大碳市场试点运行情况来看，我国的碳价水平还比较低，且试点区域的价格差异显著。未来需要逐步完善碳定价机制，扩大碳市场交易主体覆盖范围，并探索以碳期货为代表的碳金融衍生品交易和创新，加强中国碳市场的国际合作。

总的来看，疫情危机为全球提供了加快向能源友好型未来过渡的契机。我国在疫情期间作出碳中和的承诺，有力地提振了全球应对气候变化的信心与决心，同时也对国内未来 5 ～ 10 年的减排行动提出了更高要求。要实现碳中和，需要我国当前的经济结构和能源体系发生重大而迅速的转变，需要政府进行良好的顶层政策设计，部署未来 5 年、10 年甚至更长时期的气候行动路线图，包括转变能源电力结构、完善碳市场、大力发展清洁技术、构建完备的绿色金融体系等，还需要政府充分考虑各行业、各地区的发展现状，制定差异化的碳达峰路线图，并辅以充分的激励和监管政策，激发地方政府和其他非政府行为体的减排潜力。

（本文系 2020 年度中国社会科学院亚洲研究中心资助项目的阶段性成果，

原文刊于《中国发展观察》2020 年第 23 期）

第二篇

实现路径

中国碳中和的时间进程与战略路径分析

国家气候变化专家委员会委员、中国社会科学院可持续发展研究中心
主任　潘家华

一、中国碳中和的目标刚性与时间进程

碳中和是目标导向的刚性约束进程。一旦承诺了碳中和的目标，碳排放达峰就成为从属性的安排。这是因为碳中和的目标刚性和时间规定性要求在 2060 年前实现净零排放，如果峰值越低，则清零碳排放的阻力越小，难度相对较小；如果攀高或推后碳排放峰值，意味着将会有更多、更高的碳锁定，那么就会导致要么资产浪费，要么碳中和的时间节点后移。工业革命的成功源于煤炭动力，工业化进程的动力依然是化石能源。而煤炭、煤电、煤化工、石油开采、炼化均属于高度资本密集型的投资，动辄数十亿元、数百亿元，经济运行期多在 30 年甚至更长。如果现在投资、2025 年投产，35 年后就到了 2060 年。如果中间有什么变故或提速，现在的投资就需要提前退出，造成资产浪费。因而，当前化石能源 100 亿 t 的碳排放量要在 2060 年前大略清零，不可能到最后一秒才实现，这必然是一个渐进的过程，化石能源开采、使用和排放会逐步归零。

我国向国际社会承诺的碳中和目标的实现时间是 2060 年前。从字面

上理解，时间刚性可以解读为最晚必须在 2059 年，一般不会也不可能早于 2051 年。既然是碳中和，也就意味着化石能源排放的温室气体必须清零，但不必 100% 归零。尽管 CCS 的成本高，大规模利用既不可能也没有必要，但小规模利用作为最后的选择还是可行的。同样，森林碳汇是气候中性碳，虽然森林生态系统数百年来遭受了系统性破坏，但在未来相当长一段时间仍有可能延续每年一定量的碳吸收。工业过程和非二氧化碳温室气体尽管量不大、占比不高，但在最后的碳中和测度和核查中仍有较小数量的存在。因而，碳中和的重点和难点只能是化石能源燃烧排放的二氧化碳。

如果聚焦于气候灾性碳，也就是与化石能源相关的碳（包括甲烷和氧化亚氮）排放，其减排顺序如下：

首先是煤炭。同样热值的能源服务，煤炭的碳排放因子最高，每吨标准煤热值的煤炭可排放 2.6 t CO_2（大略数据）。考虑到其他化石能源相对低碳，煤炭的退出时间顺序排第一位。发达国家多在 2035 年前退出煤炭。考虑到我国许多超超临界百万千瓦级别的煤电投产时间可能晚至 2025 年，经济运行期（投资回收期）30 年，退出时间最晚需要在 2055 年。煤炭电力的缺口将全部由零碳的可再生能源和储能补足。在 2045 年以前，钢铁以外的固态煤炭全部退出。在 2050 年前后，钢铁由于钢材存量的大幅提升，废钢短流程电炉将占据主导地位；铁矿石炼铁和炼钢的长流程冶炼所需的焦炭会被氢能所取代，并随着电炉的大量使用而退出。此时，退出的不仅是煤电，也包括煤制气、煤制油、煤制甲醇等煤化工项目。煤炭退出后，与煤炭相关的二氧化碳和甲烷基本清零。

其次是石油。同样热值的能源服务，石油的碳排放因子约为每吨标准煤热值的原油排放 2.1 t CO_2。石油产品多用于机动车动力，部分为化工原料，如塑料、化纤等。鉴于纯电动汽车技术已然成熟，我国规划在2035年纯电动汽车成为汽车市场的主流，多数国家在2035年禁止燃油汽车上市，我国大略可望在2040年实现禁止燃油新车进入市场。燃油汽车的使用寿命大约为15年。这样，除航空用油以外的交通，有望在2055年全部为零碳电能所替代。在2058年前后，航空用油可以为氢能、生物柴油或电能等所替代，从而实现燃油的大致清零。塑料、化纤一类的石油化工产品在使用期内不会造成排放，但最终处理仍会通过燃烧排放二氧化碳。因而，各种化纤、塑料制品需要以金属、木材和植物纤维来代替，可望在2058年以前逐步取代完成。这样，与石油开采、炼化、燃烧相关的二氧化碳、甲烷（油田伴生气）在2058年前后可以大略清零。尽管如此，社会上仍然会残留以石油为原材料的塑料、化学纤维等，其彻底消除需要较长时间。

最后是天然气和页岩气。在化石能源中，天然气的碳排放因子最低，每吨标准煤热值的天然气的排放量为 1.6 t CO_2，其优点在于能源品位高、储藏运输方便、其他污染物含量少。正因此，英国、美国实现碳减排的一个主要原因就是用天然气和页岩气替代了煤炭。我国天然气、页岩气储量较为有限，多以进口为主。在煤炭、石油全面退出后，也就是在2059年前后，天然气将大体退出。这里"大体退出"的含义是仍有少许使用天然气的领域，以支撑社会经济的平稳安全运行。

即便如此，我国化石能源的碳减排进程首先面临的是紧约束。无论是煤炭、石油还是天然气，基本要在2055年以后才能大体退出。考虑到大型煤炭、石油开采、炼化项目的经济运行寿命，大略归零的时间需要在2059年，以满足2060年前实现碳中和的时间刚性。其次，要注意的是，此处的化石能源退出，煤炭使用的表述是"基本"，即几乎是100%，残存大约 0.3 亿 t，碳排放量约为 0.8 亿 t；石油使用的是"大略"，有望达到 95%，可能残存 0.5 亿 t，碳排放量约为 1.1 亿 t；天然气是"大体"，只有 85% 左右，大约有 1 亿 t，碳排放量约为 1.6 亿 t。因而，即使到 2059 年，化石能源排放还可能存在 3.5 亿 t。第三，此处的技术选择基本是电力替代，再加上少许的生物质能替代、少许的 CCS 技术，并没有考虑大规模的直接大气二氧化碳捕集，原因不仅在于居高不下的成本不具备市场竞争力，更因为这样一种先污染后治理的终端技术只能消耗更多的资源，带来更大的风险。第四，2059 年尚存的 3.5 亿 t CO_2，煤炭消费和天然气排放的二氧化碳采用 CCS 技术的大约 1 亿 t，少量采用 BECCS 技术的大约 0.5 亿 t，采用生态系统碳汇的大约 2.0 亿 t。这样，化石能源碳排放可大致清零。第五，工业生产过程、含氟温室气体、农业源的甲烷和氧化亚氮大约为 2.3 亿 t/a，生态系统碳汇功能可大致中和这一部分的人为排放。这样，森林吸收、生态系统碳汇维系每年 4.3 亿 t CO_2 的水平。至此，到 2059 年，也就是在 2060 年的前一年可大体实现碳中和。

　　2020 年，我国能源消费总量为 49.8 亿 tce，零碳可再生能源占比为 15.2%，大约为 7.6 亿 tce。2030 年，一般预测能源消费总量还会增加，可望达到 60 亿 tce。随后，随着能源效率的提高和进入后工业化社会，再加上人口数量也会有所下降，参照发达国家的实际情况，最终能源消费需求也可能出现负增长。因而，能源消费会呈下降态势，2060 年我国的能源消费总量约为 55 亿 tce，其中，化石能源消费总量为 1.8 亿 tce，占比 3.3%；二氧化碳排放量约为 3.5 亿 t，相对于 2020 年减排 96.5%，通过 CCS 和碳汇，最终排放基本清零。

　　从这一目标刚性倒逼的时间进程来看，我国化石能源二氧化碳排放从 2020 年的 100 亿 t 经过大约 40 年的时间到 2060 年可减至 3.5 亿 t，减排率达到 96.5%。比较一下德国的碳中和进程，其从 1990 年的 12.51 亿 t CO_2 经过 60 年到 2050 年减至 0.62 亿 t CO_2，减排率 95.0%。尽管从绝对量来看，我国碳中和的碳排放量比德国高出 5 倍，但减排幅度、力度、难度均远超德国，这是显而易见的。

二、部分国家碳中和的技术路径选择

在全球碳排放格局中，我国的排放总量占世界的比重超过 1/4，从人均来看也已超过欧盟的人均水平。因而，在全球温室气体排放方面，我国已经达到乃至超过发达国家的整体水平。

中国的碳中和是我们自己要做，但是发达国家走向碳中和的经验也需要学习借鉴。以德国为例，第一，其时间进程是从 1990 年到 2050 年，实际上，德国的排放峰值大约在 1980 年就实现了，因而德国从排放峰值到碳中和的时间跨度是 70 年；第二，德国的碳中和并非绝对清零，也有一部分可能具有刚性的排放需求，大约 5% 需要通过额外的碳移除措施（如碳汇或 CCS）来实现；第三，从路径来看，采取直接能源替代的，如能源、交通和工业应该在 2/3 以上，采取提高能效方式，即减少能源消费需求的不足 1/3；第四，能源替代、工业、建筑和废弃物等领域的减排多在早期，而交通领域的减排较为靠后，这也表明在没有颠覆性技术之前，交通领域的能源替代是存在难度的，但是纯电动汽车的经济性提升后，交通领域的能源替代就顺理成章了；第五，从减排的时间进程来看，前 30 年的减排量约占 1/3，后 30 年的减排量达到 2/3，这意味着减排不可能高歌猛进、一蹴而就，需要从长远谋划、从现实做起。

德国的峰值实现得比较早，碳中和缓冲期较为充裕。相对来说，美国由于人口持续增长、经济大幅快速扩张，能源消费一直处于高位水平，而且由于其生活方式与欧洲的差异，人均排放超过欧盟的一半。其二氧化碳排放轨迹也表现出较长时间的高位平台期，峰值推迟至 2005 年前后才出现，化石能源消费所排放的二氧化碳峰值约为 59 亿 t，目前已经低于 50 亿 t。美国从 2005 年的 60 亿 t，到碳中和实现时将用 45 年的时间减排 60 亿 t，若从当前（50 亿 t）来看，将用 30 年的时间减排 50 亿 t。从表 1 的数据和措施中可见，一是美国早已达峰，进入绝对量减排阶段，2030 年比 2005 年的排放水平减少一半，而我国的目标是在 2030 年前实现达峰；二是如果从现在起步，我国的减排总量超过美国的一倍，而时间却只滞后了 10 年，而且我国的经济发展水平、经济结构和城市化水平远远不具备美国的优势，滞后时间远不是 10 年的差距；三是美国的技术和脱碳进程领先于我国，值得我国借鉴；四是我国的可再生能源发展水平和规模要领先于美国，我国规划在 2030 年风光装机超过 12 亿 kW，几乎是美国当前发电装机的总和。从这一意义上讲，我国走向碳中和有难度，但也有优势。

表 1　中美经济社会发展水平与碳中和路径比较

	中国	美国
经济体量 / 万亿美元	14	21
人口 / 亿人	14.1	3.3
人均 GDP/ 万美元	1.02	6.53
居民消费占 GDP 的比重 /%	35	68

续表

	中国	美国
服务业 占比 /%	54	77
城市化率 /%	60	82
碳中和目标	2030 年前碳达峰；2060 年前碳中和	2030 年温室气体排放比 2005 年下降 50%～52%；2050 年碳中和
能源	2030 年非化石能源占比为 25% 左右；2030 年风光装机 12 亿 kW 以上	2035 年通过可再生能源实现无碳电力；2050 年能源系统脱碳[*]
工业	2025 年钢铁行业碳排放达峰；2030 年较峰值减少 30%；水泥行业 2023 年达峰	实现零碳工业生产过程和产品研发、示范、商业化和广泛运用；在工业 CCS 和绿氢运用上采取激励措施
交通	新能源汽车销售占比在 2025 年为 20% 左右，2035 年成为主流（>2/3）；纯电动汽车百公里电耗 <12kW·h	2035 年纯电动轻型车新车上市；2040 年纯电动重型车新车上市[*]
建筑	2022 年城市新建绿建比例为 70%；实施净零耗建筑节能标准；绿色供暖政策	建筑用能电气化；更新建筑能效标准；2030 年全部新建建筑采用零碳标准[*]
农林业及 非 CO_2 温室 气体排放	2030 年森林蓄积量较 2005 年增加 60 亿 m^3；2025 年森林覆盖率为 24.1%；建设无废城市；管控非 CO_2 温室气体排放	气候智慧农业；再造林；减少森林自然火灾；逐步减少氢氟碳化合物（HFC）使用；减少化石能源相关甲烷排放；减少农业甲烷、氧化亚氮排放

[*] 拜登在 2020 年竞选时的政策主张。

资料来源：经济社会发展水平数据为 2019 年，数据来自中国国家统计局、世界银行数据库；国家主席习近平于 2020 年 9 月 22 日在联合国大会一般性辩论会上的发言、2020 年 12 月 12 日在气候雄心峰会上的发言；"十四五"规划纲要；美国提交给《联合国气候变化框架公约》秘书处的国家自主贡献文件。

三、中国碳中和路径的战略选择

我国实现碳中和必须要求化石能源消费清零，而首先要归零的是高碳的化石能源煤炭。我国的资源禀赋是多煤少油缺气，煤炭在我国工业化、城市化进程中一直占据绝对的高比例。21 世纪初的许多年份，煤炭在我国能源消费中的比例都超过了 70%。2010 年以后，随着油气进口规模的扩大和大气污染控制的趋严，煤炭在一次能源中的占比在 2020 年已经低至 56.8%。即便如此，发达国家纷纷表示在 2030 年前后去煤，我国即使在 2055 年彻底去煤，每年至少要减少 1.5 个百分点。对比美国和欧盟的化石能源排放结构，我国的化石能源排放超过美国的 1 倍，是欧盟的 4 倍，而高碳的煤炭更是美国的 7 倍、欧盟的 12 倍。我国不仅经济发展水平与发达国家没有在同一起跑线上，而且需要归零的化石能源消费总量和高碳的煤炭，其负重程度也高出发达国家一倍乃至十几倍。

当然，经济社会发展需要的是能源服务，并不需要碳。既然碳不是必需品，那么彻底去碳就不会影响社会福祉水平。碳排放之所以伴生于化石能源，是因为我们需要能源服务。如果能源服务能够无碳化，自然地，化石能源碳排放也就消失了。这就需要颠覆性技术，而不仅是提高能效。例如，以煤炭为燃料的火力发电，从亚临界技术到超超临界技术，其煤耗也会从 400 g / (kW·h) 减少到 270 g / (kW·h)。进一步提高效率，必然进一步低碳，但绝对不可能零碳。如果能源服务不需要化石能源的燃烧，自然就没有碳排放了。这只是其中的一个条件，另一个条件是必须具有市场竞争优势。零碳电力价格太高，也不可能取代化石能源。为什么世界各国在 20 世纪所有的努力都只是低碳，而到了 2015 年以后才陆续高调碳中和呢？

表 2 表明，风能、太阳能、水能的发电成本已经低于煤电。2000 年，

我们有了颠覆性技术——零碳的可再生电力、风电和光伏发电。但是，此时光伏发电每千瓦的发电装机成本超过煤电4倍。2010年，光伏发电装机成本有所降低，但仍然是煤电的1倍。到了2020年，光伏发电装机成本只有煤电的40%。到2050年，光伏发电装机成本预计只有煤电的1/5；如果煤电可通过CCS脱碳，那光伏成本不足煤电的1/10。风光电力具有间歇性特征，需要储能，但水电、生物质电力与煤电一样具有足够的灵活性，而且抽水蓄能成本低、效果好。天然气具有成本优势，而且碳密度相对较低，但仍然有碳排放，在碳中和时代不允许大规模天然气发电。核电作为迈向碳中和的过渡性能源可以有一定的积极作用，但由于其风险可能不在于技术而在于人，因此包括德国在内的许多国家明确去核，并没有将核电纳入碳中和的主要技术选项。我国目前拥有一定的核电装机和发电，从长远来看，在可再生能源经济性和安全性已经可以满足经济社会能源服务的情况下，并不适合纳入碳中和的技术选择。

表2　2000—2050年不同技术路径的发电装机成本比较

单位：美元/kW

年份		2000	2010	2020	2030	2050
太阳光伏		7 306	5 528	1 091	823	468
天然气（联合循环）		876	1 245	992	974	939
风电	陆上	1 500	2 364	1 594	1 401	1 083
	海上	—	5 492	3 356	2 758	1 862
水电		2 116	2 911	2 553	2 547	2 534
生物质		2 836	5 066	3 345	3 243	3 049

续表

年份		2000	2010	2020	2030	2050
煤电	无 CCS	1 858	2 648	2 668	2 735	2 569
	+CCS	3 155	4 882	5 560	5 264	4 718
核电		3 611	5 398	6 597	6 376	5 957

数据来源：根据国际能源小数据（E Small Data）整理。

　　在颠覆性技术的研发、应用方面，后来者可以居上。2000 年前后，我国风力发电和光伏发电的概念在媒体和技术研究中均较为鲜见。到 2010 年前后，我国的风光电力设备的生产、安装和使用才真正起步，此后的发展突飞猛进，从微不足道到独领风骚也就只有 10 多年的时间。我国的电力大数据显示，光伏发电装机从 2011 年的 212 万 kW 猛增到 2020 年的超过 2 亿 kW，增加了 119 倍！其间，光伏上网电价补贴，从每度电 2 元到 2018 年后的平价上网，市场竞争力超过煤电。我国的光伏组件在世界上具有较大的竞争优势，以至于欧美发达国家冒天下之大不韪直接干扰国际市场交易，动用"双反"手段打压中国产品（图 1）。

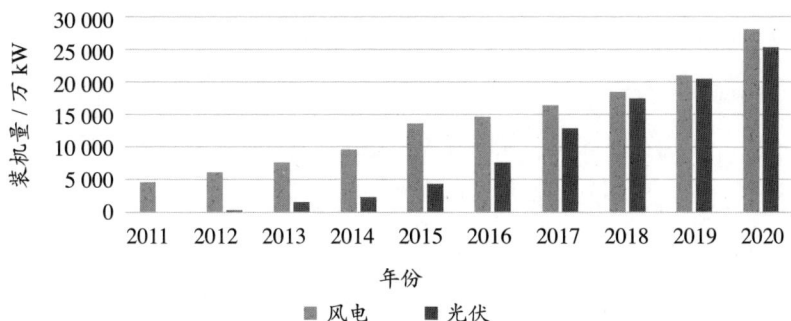

图 1　2011—2020 年中国风电、光伏累积装机量

数据来源：中国能源大数据报告（2020）；中国电力联合会，2021。

我国向国际社会承诺在 2030 年风电和光伏发电装机达到 12 亿 kW 以上,显然超过了国际社会的预期。2020 年是新冠肺炎疫情肆虐之年,我国的风光电力装机超过 1.2 亿 kW。截至 2020 年,我国风光电力装机总容量已经超过 5.3 亿 kW。按照目前的发展态势,如果纳入分布式不进入电网的装机,2030 年可望达到 20 亿 kW。2020 年,我国新增太阳光伏装机占世界总量的 35%,是美国的 2.5 倍、印度的 11 倍。

实现碳中和,不仅是电力生产侧的零碳革命,也是能源消费侧的颠覆性技术革命。以交通为例,如果燃油汽车不能被颠覆,则因为社会的需求刚性,石油和炼化的排放将不可能清零。这样,无论怎么提高汽车燃油效率,都也只能是低碳,不可能实现零碳。而纯电动汽车不需要燃油或燃气,只要电力源自可再生能源就可以驱动。在相当程度上,纯电动汽车可以是间歇性风电、光伏发电的储能设施。在纯电动汽车领域,我国也是后来而居上者。一些国家明确了禁止燃油汽车的时间表,我国也在 2020 年 11 月发布了《新能源汽车产业发展规划(2021—2035 年)》(国办发〔2020〕39 号),明确在 2025 年,纯电动汽车在新车市场的销售要占据 20% 左右,2035 年成为新车市场的主流。我国纯电动汽车的保有量稳居世界第一,在全球总保有量中的占比高达 98.2%。

当前,不少人对于化石能源彻底退出以实现碳中和存在疑虑,认为需要大量的化石能源来保障能源安全稳定供给。以电力为例,零碳的间歇性能源在储能技术没有革命性突破的情况下,电网的消纳能力比较有限,不可能放弃火电。我们要相信技术进步。一些发达国家的经验表明,这一问题已经或正在逐步得到解决。德国规划 2020 年可再生能源在电力消费中的占比达到 35%。相对于 2000 年只有 6.3%、2010 年 17% 的占比,这一目标不可谓不高。但实际上,德国 2019 年的占比已经达到 42%,

2020 年进一步提升到 46%。显然，德国的电力系统是稳定的、安全的。我们目前并网的风光电力也只有 10% 左右。

当然，我们还有一个选项，就是终端治理。电力主要以煤电为主，其排放的二氧化碳通过 CCS 技术，如同火电机组脱硫、脱硝一样，可将煤炭燃烧排放的二氧化碳加以捕集、浓缩，然后找到合适的地质结构永久地埋存于地下。CCS 技术最初是石油开采过程中用来提升采油率的，可以将燃煤电厂的二氧化碳加以捕集再注入油田驱油。《巴黎协定》签署后，我国系统梳理了各类 CCS 技术，涉及深部咸水层封存、二氧化碳驱油、二氧化碳驱煤层气等。截至 2019 年，我国共开展了 9 个捕集示范项目、12 个地质利用与封存项目。所有 CCS 项目的累积封存量约为 200 万 t CO_2，低浓度捕集成本为 300 ～ 900 元 / t CO_2，罐车运输成本为 0.9 ～ 1.4 元 /（t·km）。原油在每桶 70 美元水平时，大约可以平衡 CCUS 驱油封存成本。在煤炭电力成本已经不敌零碳可再生电力的情况下，煤电＋CCS 的成本不仅是捕集，还有运输与封存。而这些只是煤电的额外成本，所捕集和封存的二氧化碳具有零效用，即直接或间接使用价值有限或为零。不仅如此，还存在高风险，封存后的二氧化碳要持续监测，但不能确保不会逸出。况且，捕集的比例比较低，不可能 100% 捕集。因而，总体来看，CCS 选项不仅是理念问题，也缺乏市场竞争力。

前文讨论过森林碳是气候中性碳，通过造林、森林培育、生态系统保护，可以在相当长一段时间内维系一定量的碳汇，中和部分化石能源碳排放。但是，限于我国水资源短缺、戈壁荒滩和雪域高原不适于植树造林的实际情况，提高森林覆盖率和增加森林碳汇的空间比较有限。根据全国森林普查汇总资料，2018 年全国森林面积为 22 044.62 万 hm^2，森林蓄积量为 175.6 亿 m^3，森林植被总生物量为 188.02 亿 t，总碳储量为 91.86 亿 t，全国森林每年的固碳量为 4.34 亿 t。没有水，就没有碳汇，没有生物质能。我国干旱半干旱区面积占国土面积的 52.5%，其中干旱区占 30.8%（280 万 km²，降水量 200 mm 以下）、半干旱区占 21.7%（213 万 km²，降水量 200 ~ 500 mm），因而碳汇生产量也不可能高。2010 年前后，通过清洁发展机制在我国水热条件比较好的西南地区，如四川省、云南省开展了一些森林碳汇项目，核算时间在 20 ~ 30 年，折算下来，每年每公顷碳汇产出量在 10 t 左右。如此算来，每年每平方千米的碳汇量也只有 1 000 t。

光伏电力是必然的选项。但是，光伏铺设对土地利用具有极强的排他性，可以是戈壁荒滩，也可以是屋顶空地，但不宜占用农地、林地及自然生态良好的山地。净零碳需要"大干快上"，但不能"得不偿失"。若在森林植被较好的南方山地建设光伏电站，不仅灭失碳汇，而且容易造成水土流失、生物多样性破坏。

四、体制性的软技术变革不可或缺

颠覆性的技术革命是碳中和的必要条件，但是如果社会发展和运行方式已然高碳，要想仅通过技术实现碳中和也是很难的。而体制性的软技术变革可以有效压缩需求，使许多化石能源消费成为不必要，许多能源需求大幅减少，从而事半功倍。

对于区域空间规划，工业文明的理念是工业化大生产、远距离运输，以获取规模和聚集效应。但是，自然的风光和水是普惠性的，大致均衡。在工业文明理念下，若城市无序、无限扩张的能源不够，可以用特高压远距离输送电力；若水资源不够，可以从数百、数千千米外远距离调水；就连水果、蔬菜、粮食也都是通过规模化生产，再远距离运输、储存、保鲜的。所有这些均需要以能源作为动力来完成。只需改变理念的认知革命，从垄断聚集到扁平均衡，就可以大幅压缩能源总量的刚性需求，事半功倍地推进碳中和。从根本上消除高碳锁定，就要倡导人与自然和谐，减少乃至消除高强度、高频次的高耗能需求，从依赖高碳化石能源的规模扩张、空间集聚转向适应零碳可再生能源的适度规模、空间均衡格局。也就是说，在空间上均衡、均质，实现与自然和谐的资源配置，减少需求总量，就近获取零碳能源服务。

工业文明的城市空间设计强调城市功能分区、职住分离、产城割裂，而城市空间的扁平化与职住一体、产城融合能够有效减少碳存量与运行需求。以低碳交通为例，如果职住一体就不需要交通，自然没有碳需求，就实现零碳交通了。中国的城市规划强调等级梯次，在一个行政区域内按照"核—中心—副中心—次中心—节点"的等级分异配置资源。如果要拥有优质资源，就得到"核"或"中心""副中心"。如果改变理念，实现特色—互补的扁平均衡均质，就近获取城市公共服务，许多高碳的能源需求就成为不必要的了。

我国人口数量多、土地资源有限，因而在城市建设中，一方面为城市形象而普遍建设超高层建筑，一些地标楼宇动辄 300 m、500 m，甚至更高。殊不知，建筑楼层过高必然高碳。高碳锁定后，低碳难度加大，碳中和就缺乏空间。这是因为，楼层越高，材料耗用就必然越多，维护维修就越难，运行费用必然越高，火灾风险加大，而且高楼内人员密度高、疏散慢，楼宇更新难度大，地质灾害影响大。

通过体制性的软技术变革可以有效维护、延伸、放大碳资产的社会效用。一些制度刚性的社会性变革可以保全社会碳资产，如小产权房、自然保护地内的建筑（在划定以前就有的）、基础设施建设征占地上建筑等。近年来，许多地区严格执法，炸毁、拆除大量小产权房和违建房。在法律上，这些违法建筑应该清理。但从碳资产视角来看，这些都是凝聚大量碳的社会资产。我们需要惩戒的是违法的人，需要处罚的是非法获取的利益，而不应该是社会需要的碳资产。因此，宜在制度层面减少或避免社会碳存量资产的损毁。在管理/文化因素层面也有许多需要进行社会变革的地方：严格产品质量，提升碳效用，事半功倍。一栋建筑可能有30年、60年或120年寿命，其碳足迹没有本质的差异，但碳效用却差了数倍；一台发动机，其碳足迹几乎无差异，但碳效用的差距可能特别大。

一些机制/政策性因素，如循环经济，也可以保全碳资产、提升碳效用。对于"二手货"或"旧货"，在机制、政策、文化和心理上均存在"厚古薄今""喜新厌旧"的市场理念。所谓"厚古薄今"，就是对当前有使用价值的各种"二手货"视而不见；所谓"喜新厌旧"，就是对仍然具有大量使用价值但不再时髦的产品废置弃之。从碳效用的视角来看，需要在机制、政策上让循环经济运转起来。许多废弃物多为机构或个人消费者因无地存放而扫地出门，多为半新半旧或纯然新购未开封产品，质量性能可满足正常消费需求。这样的物品可直接进入市场交易，或在产品标准核认后再进入市场，以释放碳效用。在政策引导层面，需要从"城市矿山"到"无废城市"。所谓"城市矿山"，是碳资产灭失后需要高碳再生形成新的碳资产；而"无废城市"则具有再利用导向，使碳资产得以延续。

五、政策含义与讨论

碳中和需要政策引导，更需要发展范式的根本转型。

第一，在政策层面，碳定价显然有助于提升零碳能源的市场竞争力，有助于激励低碳消费。以碳排放权为基础的碳市场交易具有碳价的发现功用。在碳交易初期，如果交易成本足够低，就有利于日渐减少的碳排放额度的效率配置。但是，实现碳交易需要专署登记、专项交易，由于碳的无形特征，企业的核算、核查需要投入，第三方认证核查也需要成本，而且鉴于生态灾性碳的市场恶品（bads）属性，在碳中和实现时，碳市场可能就会灭亡。相对来说，碳税交易成本低可产生双重红利，提升气候灾性碳能源的供给成本和气候中性碳、零碳能源的市场竞争优势，从而加速生态灾性碳的市场退出。

第二，由于化石能源的集中性和高密度，可进行规模化大生产，经济回报高。而可再生能源因占用空间大，难以规模化大生产，能源密度相对较低，这就要求协同互补。一方面是多能互补，风、光、水、生物质能、储能技术的协同互补；另一方面需要区域协同，西南水能、西北风光、东部离岸风电进行区域协同互补。城市人口密集、经济活力强、能源需求大，在城市区域内实现碳中和难度较大，而乡村空间广阔，可再生能源生产潜力大，除了满足自身需要还可以外送。这就表明，城乡协同是必要的。颠覆性能源技术的应用并不是完全否定能效技术，相反，需要能效技术和能源替代协同互补。即使在21世纪中叶实现碳中和，温升幅度已然达到1.5℃，自然生态系统和社会经济系统均需要适应变化了的气候，以降低气候风险。因而，碳中和还要与气候适应协同互补。

第三，碳中和正在催生发展范式的革命性转型。要实现能源生产与消费的一体化、自给自足的零碳经济单元，而不是传统的供求分离、市场均衡。传统的规模化大生产（规模效益）与自然容量刚性的矛盾成就低碳、零碳的就近、分散空间资源配置，促使从空间聚集（聚集效应）向空间均衡转型。在城市空间的功能分区与功能融合方面正在发生根本性变化——职住一体、产城融合。市场经济条件下的高贴现率、高折旧率，形成财富周期的加速再生增值（高贴现率），但是却会加速碳存量资产的贬值，因而需要碳资产存量的持久保值（近零贴现率）。城市形态高碳技术的"高""大""尚"与基于自然的和谐共生的解决方案，从排他性、占有性产权转向"不求所有但求所用"的共享型经济，均是发展范式转型的雏形。

第四，实现碳中和既要颠覆性技术革命，也要系统性社会变革。能源生产和消费的颠覆性技术革命是碳中和的必要条件；系统性的社会变革可在量级水平上压缩刚性需求，放大碳资产效用，起到事半功倍的效果，实现人与自然和谐共生，因而是碳中和的充分条件。在强调零碳能源转型的同时，提速社会扁平化进程，是实现人与自然和谐共生的碳中和的必然选择。

（原文刊于《财经智库》2021 年第 3 期，此处作者有修改）

碳达峰目标和碳中和愿景的实现路径

中国社会科学院生态文明研究所副所长、研究员　庄贵阳

一、我国提出碳达峰目标、碳中和愿景的背景

地球已进入"气候紧急状态"。世界气象组织的数据表明，2019 年地表平均温度已较工业革命前上升了 1.1℃。《自然》杂志指出，全球已知的 15 个气候风险临界点，已有 9 个被激活。气候问题的紧迫性使稳定大气中二氧化碳的累积排放量、控制温室效应成为横亘在人类社会面前的共同难题。为应对气候变化、防范气候风险，《巴黎协定》达成了将 21 世纪全球平均气温上升幅度控制在工业化前水平的 2℃以内，并努力控制在 1.5℃以内的温控目标。IPCC 发布的《全球升温 1.5℃特别报告》将全球温控目标过渡至 1.5℃，提出全球在 2050 年前后实现温室气体排放量接近于零。然而，联合国环境规划署发布的《2020 年排放差距报告》指出，根据《巴黎协定》下各缔约方承诺的自主贡献目标，预期 2030 年的排放值距离实现《巴黎协定》2℃和 1.5℃温控目标所要求的排放值之间有较大差距。

2020 年是《巴黎协定》规定的更新国家自主贡献目标和通报面向 21 世纪中叶的长期温室气体低排放发展战略的关键一年，全球减排目标向

"净零碳排放"演进。在后疫情时代，通过全方位低碳转型实现"绿色经济复苏"也越来越成为广泛共识。同时，我国进入新发展阶段，将在新发展理念的指导下加快构建以国内大循环为主体、国内国际双循环相互促进的新发展格局。国际国内的新形势要求中国尽早实现碳达峰、碳中和，这不仅是我国统筹国内国际两个大局，寻求更具可持续性、包容性和韧性的经济增长方式的必然选择，也直接关系全球气候治理的成败，受到世界各国的广泛关注。

2020年9月12日，中国宣布将提高国家自主贡献力度，力争2030年前二氧化碳排放达到峰值，努力争取2060年前实现碳中和。随后，在党的十九届五中全会、中央经济工作会议、中央深改委会议、全国"两会"、中央财经委员会会议等一系列重要会议上，党中央均对碳达峰、碳中和工作作出部署，明确基本思路和主要举措。我国正以国内国际一致的逻辑推进应对气候变化工作，引领世界经济绿色复苏，为全球气候治理注入新活力。

二、实现碳达峰和碳中和的主要路径

从发达国家的二氧化碳排放（广义的碳排放包括所有温室气体）轨迹来看，碳排放呈现倒U形库兹涅茨曲线的趋势。二氧化碳的排放轨迹由快到慢不断攀升、到达年增长率为零的拐点后持续下降，拐点处即为碳峰值。碳中和是指在达到碳排放峰值之后，二氧化碳排放水平继续下降，直到人为排放源与吸收汇相抵。随着工业化、城市化进程的推进，碳达峰是必然的、可期的自然过程，但我国碳达峰、碳中和目标的紧迫性和困难程度要求以政策干预推动气候目标的实现，短期内不仅要促进提前达峰，还要削峰、压峰、拉低峰值水平，为碳中和预留空间。

碳达峰、碳中和的深层次问题是能源问题。以能源转型推动经济社会系统性降碳、脱碳是我国实现碳达峰、碳中和目标的主线。在供给端，应高比例发展可再生能源，建设以可再生能源为主体的能源体系和电力系统。由于风电、光电等可再生能源的电源波动性特征明显，现有技术条件下在消纳可再生能源的过程中，还需要煤电发挥灵活调节用电峰谷的作用，推动电力系统向清洁低碳转型。在需求端，应推动再电气化和高耗能、高排放部门节能增效。近、中期要求能源（发电、化石能源生产和加工转换）、工业、建筑、交通4个重点部门的排放水平及强度逐步下降。"十四五"期间乃至很长一个阶段，新增的能源消费量应该主要由非化石能源来满足。我国已明确提出到2030年，非化石能源占一次能源消费的比重将达到25%左右，预计到2060年前实现碳中和时非化石能源消费占比达85%以上。

发展、应用负排放技术从大气中移除二氧化碳并将其储存起来，以抵消难以减排的碳排放也是值得关注的减排路径之一，包括造林、生物炭、BECCS、海洋施肥、海洋碱性等手段。总体而言，社会脱碳转型力度越大，所需应用部署的负排放技术的规模和程度越低。

要实现碳达峰，其路径的内涵既包含排放轨迹，也包含实施层面的政策及技术发展路径等。从自下而上的角度来看，重点部门的达峰路径共同构成了我国整体碳排放路径，这些路径共同组成我国二氧化碳排放达峰的路线图；从自上而下的角度来看，各部门的达峰时间表和路径也需要与温控目标，我国的碳达峰、碳中和目标及国家中长期发展战略目标相兼容。

三、碳达峰、碳中和要统筹好发展转型与减排的关系

目前，全球范围内的多数国家和地区都在为实现全球碳中和目标作出积极的努力。确定我国碳排放的达峰路径及达峰后的排放轨迹需要综合考虑国内外动态变化的政治经济环境，重点考虑我国政策背景、技术发展情况和应用限制。

从区域层面来看，我国区域发展不平衡，区域间的技术、经济发展水平、资源禀赋存在较大差异，碳达峰、碳中和需要在全国一盘棋的工作思路下，在国家整体碳达峰目标要求下，因地制宜地为各省市制定逻辑一致的差异化行动方案，充分利用各区域的自然资源禀赋，推动资源深度融合。

实现碳达峰、碳中和将为我国高质量发展注入强劲动力。碳达峰、碳中和为我国未来社会经济发展确立了总基调，能源体系将朝向清洁、低碳、高效、安全的生产和消费体系转变，从而结束化石能源时代。建立清洁、低碳、高效、安全的能源生产和消费体系需要超前部署，煤炭、煤电行业有序退出是大势所趋。对于山西、内蒙古、陕西等煤炭资源富集的地区来说，"十四五"时期既是一个尤为重要的爬坡过坎"阵痛"期，也是实现2030年前碳达峰开篇布局的关键期。要转变发展观念，抛弃依赖投资高碳项目刺激经济的模式，按照市场规律坚决淘汰煤炭、钢铁、焦化、电力、水泥等高排放产业的落后产能和化解过剩产能，探索建设以煤电联营为基础的"风光火储一体化"大型综合能源基地。

在碳达峰、碳中和约束下，能源转型要求煤炭控制消费总量并有序退出，这必然带来失业等转型"阵痛"。在经济下行、社会分化的趋势下，应当更加重视以煤炭行业为重点的能源公正转型，帮助受影响群体

寻找新的工作，维持社会基本稳定。可以借鉴《欧洲绿色协议》的经验，设立公正转型基金，为面临冲击的煤炭行业从业人员建立全方位的公正转型政策体系。

四、碳达峰、碳中和需压实主体责任并进行有效监管

碳达峰、碳中和工作不仅是我国"十四五"期间的重点任务，也将是未来相当长一段时间内社会经济发展的重要主题。2021年全国"两会"政府工作报告将"扎实做好碳达峰、碳中和各项工作"列为全年重点工作之一，并要"制定2030年前碳排放达峰行动方案"。为如期实现碳达峰、碳中和的中长期目标，各级地方政府、各行业部门正积极响应，加快研究部署本地本部门碳达峰、碳中和行动方案。生态环境部已明确表示，要将碳达峰纳入中央生态环境保护督察。

一方面，要发挥制度优势，自上而下将减排目标层层分解至地方政府部门。各级党委和政府要从讲政治的高度出发，提升政治判断力、政治领悟力和政治执行力，做到有目标、有措施、有检查，同时发挥城市引领作用，以典型城市的案例经验"以点带面"带动全国碳达峰、碳中和目标的实现。另一方面，要发挥市场优势，通过碳定价政策等将减排责任压实至企业。我国自2011年起陆续在北京、上海、天津、深圳、重庆、广东、湖北七个省（市）开展碳排放权交易试点，2021年7月启动了全国碳市场。在新的气候目标下，我国的减排路径和政策需要在一系列应对气候变化"政策包"的基础上，根据新的碳达峰目标提出更有力、有针对性的行动方案和政策建议，并在推进机制、激励政策上继续完善，尤其在科技政策、碳金融政策、投融资政策、区域协同政策、监管和评

估政策方面加大力度、突破创新。

在施政过程中需要明确政策间的协调配合关系，提高政策间的协同程度。由于碳达峰目标和碳中和愿景的实现触及多领域、多行业主体的利益，因此需要统筹考虑不同地区、不同行业的特点，建立健全监测、报告、核查机制和激励约束机制等辅助配套政策，提高信息披露水平和政策透明度。

（原文刊于《上海节能》2021 年第 6 期）

深刻认识"3060"战略目标要求，可按四阶段部署实施

国务院发展研究中心资源与环境政策研究所　李继峰　郭焦锋
高世楫（执笔）

2030 年前实现二氧化碳排放达峰与 2060 年前实现碳中和的目标愿景是我国统筹国内国际两个大局和经济社会发展全局、推动经济高质量发展、建设社会主义现代化强国作出的重大战略决策，是着力解决资源环境约束突出问题、实现中华民族伟大复兴、履行构建人类命运共同体庄重承诺的战略选择。为此，我们要深刻领悟其战略意义，充分了解面临的挑战，做好顶层设计，制定科学合理的减排战略路线图。

一、习近平总书记多次在国内外重要场合就"3060"战略目标作出重要讲话，凸显减碳的战略意义

国际上，2020 年 9 月 22 日，习近平主席在第七十五届联合国大会一般性辩论上首次提出，"我国将提高国家自主贡献力度，采取更加有力的政策和措施，二氧化碳排放力争于 2030 年前达到峰值，努力争取 2060 年前实现碳中和。"此后，又连续 7 次在国际重要多边场合发表了关于碳

达峰目标和碳中和愿景的重要讲话，如在联合国生物多样性峰会上指出"我国将秉持人类命运共同体理念，继续作出艰苦卓绝努力"，在第三届巴黎和平论坛的致辞上明确"我国将提高国家自主贡献力度，力争2030年前二氧化碳排放达到峰值，2060年前实现碳中和，中方将为此制定实施规划"，在金砖国家领导人第十二次会晤的讲话中强调"我们将说到做到"，在二十国集团领导人利雅得峰会"守护地球"主题边会的致辞中指出"我国言出必行，将坚定不移加以落实"，在气候雄心峰会的讲话中提出"在推动高质量发展中促进经济社会发展全面绿色转型，脚踏实地落实上述目标，为全球应对气候变化作出更大贡献"，在世界经济论坛"达沃斯议程"对话会的特别致辞中明确"我国正在制定行动方案并已开始采取具体措施，确保实现既定目标"，在美国举办的领导人峰会上就"共同构建人与自然生命共同体"发表重要讲话。习近平主席这一系列重要讲话向国际社会庄严宣告，中国作为负责任大国将一以贯之、认真推进碳减排工作，为全球控制温室气体排放作出应有贡献。

在国内，经过一系列重要会议决议，"3060"战略目标已经成为国家战略全局中的重要内容。党的十九届五中全会指出，我国将在2030年前实现碳达峰、2035年实现稳中有降；2020年12月中央经济工作会议将"做好碳达峰、碳中和工作"定为2021年八大工作重点之一，指出"要抓紧制定2030年前碳排放达峰行动方案，支持有条件的地方率先达峰"；2021年3月举办的中央财经委员会第九次会议明确指出，实现碳达峰、碳中和是一场广泛而深刻的经济社会系统性变革，要把碳达峰、碳中和纳入生态文明建设整体布局。"3060"战略目标是我国为统筹国内国际两个大局和经济社会发展全局、推动高质量发展、建设社会主义现代化强国作出的重大战略决策，因此要拿出抓铁有痕的劲头使之如期实现。

二、国内外多家机构就"3060"战略目标的实现途径与对策开展大量研究，为制定减排战略奠定坚实基础

围绕我国碳达峰，国内外多家研究机构开展了大量定量定性研究，提出我国未来碳达峰的峰值年份基本在 2020—2030 年，峰值排放水平为 90 亿～120 亿 t CO_2。与《第三次气候变化国家评估报告》提出的 2030 年排放量区间 61 亿～149 亿 t 相比，大幅度收窄。二氧化碳排放峰值年份越推迟，峰值水平就越高，每推迟 5 年达峰，我国二氧化碳排放峰值水平将增加 10 亿 t 左右。在碳达峰的影响因素上，人口变化、工业化和城市化进程、产业结构调整和能源结构清洁化等因素是影响碳排放的关键因素。

围绕我国碳中和，近期国内外多家研究机构，如清华大学、能源基金会、落基山研究所、世界自然研究所等也纷纷发布了相关研究成果。清华大学气候变化与可持续发展研究院于 2020 年 10 月发布的系统性研究结果显示，我国长期低碳转型发展战略应以落实《巴黎协定》长期目标为导向，应先考虑和实现 2℃温控目标的长期低碳转型路径，分为 2030 年之前与 2031—2050 年两个阶段逐步落实。其中，到 2030 年，与能源相关的二氧化碳排放量可降至 104.6 亿 t；到 2050 年，与能源相关的二氧化碳排放量可降至 29.2 亿 t，在考虑工业过程排放、CCS 和碳汇吸收量后，届时二氧化碳净排放量为 21.8 亿 t，我国人均排放量为 1.5 t 左右，将低于 2℃温控目标减排路径下 2050 年的世界平均水平，为 21 世纪中叶尽快实现净零排放奠定基础。

三、实现"3060"战略目标需要顶层设计和统筹思考

一要胸怀"两个大局"。当今世界正经历百年未有之大变局，在当前高度不稳定、不确定的国际发展环境中，应对全球气候变化凝聚了各方共识，孕育着推动全球政治经济格局演变的重要力量。面对国际力量对比西强东弱的现状和东升西降的趋势，中国既是全球格局变动中的自变量，也是因变量。中国的减碳进程关系着全球应对气候变化目标的实现，是全球气候变化舞台上不可缺少的重要参与方。把握国际减碳大趋势，既是负责任大国的必然选择，也是顺势而为，推动中华民族伟大复兴的战略选择。应将积极应对气候变化、实现"3060"战略目标作为建成社会主义现代化强国战略目标体系中的重要内容，按照两个阶段的发展战略安排，在同步推进2030年前碳达峰、2060年前碳中和的过程中，实现中华民族伟大复兴。

二要减碳与发展同向同行。大量的学术研究表明，碳减排并不会对经济产生明显的负面冲击。《欧洲绿色协议》和美国的《清洁能源革命与环境正义计划》都把绿色低碳发展作为未来经济增长的核心动力之一。2021—2035年我国既要成功跨越两个收入阶段，又要处理好百年未有之大变局带来的特殊挑战，实现经济平稳发展尤为关键。我国已从工业化高峰期进入中后期，传统动能已然乏力，但惯性犹存；新动能势头虽猛，但尚需增强。从发展经济学的角度来看，2010年我国经历了劳动力年龄人口增长由正转负，标志着人口红利消失，依靠低成本劳动力投入和高储蓄率创造的GDP潜在增长能力开始减弱。"十五五"时期，我国人口增长仍将由正转负，根据目前的新生儿出生规模，到21世纪中叶老龄化人口比重仍将持续上升，依靠劳动力、资本等生产要素投入创造的潜在

增长能力还将持续下滑，只有依靠科技创新才能提升全要素生产率。全要素生产率对经济增长的贡献要从1978—2018年的33%提高到2021—2035年的50%，进而提高到2036—2050年的70%以上，达到发达国家当前的水平。纵观当今世界科技发展趋势，数字科技和绿色低碳转型已是全球公认的未来数十年科技发展的主方向。因此，围绕数字和绿色低碳领域的科技创新和新动能创造既是确保我国经济发展目标实现的必由之路，也是实现"3060"战略目标的必由之路。二者逻辑一致、同向同行。

三要高度关注关键挑战。我国实现"3060"战略目标面临三大挑战，即全面推进碳减排的社会共识有待进一步提升，国内推动市场化碳减排的相关制度和政策体系尚待健全完善，以及国内实现碳减排与经济发展协同的产业基础仍不牢靠。要做好碳达峰、碳中和，首先，要处理好发展方式与碳减排之间的关系。在过去的"十一五""十二五""十三五"期间，国内实施经济发展方式向集约型转变、推进供给侧结构性调整、发展战略性新兴产业、构建新发展格局都是并行实现稳增长与促减排的战略部署。不过，在三个五年计划末期都曾出现过个别省份为完成节能减排目标而强迫关停企业等现象，这表明在传统增长模式下，若减排路径不当，则会影响经济发展。因此，积极推动发展方式转型、促进需求结构和产业结构调整将成为我国落实"3060"战略目标的重要基础，这对我国这样的发展中国家而言，意义重大也充满挑战。其次，要积极推进能源结构调整。应以"3060"战略目标为指引，倒逼能源结构优化。严控煤炭和煤电发展，关注公正转型问题；大力发展光伏、风电等可再生能源，重视电网系统安全性问题；积极发展核电，注重稳妥发展与安全性问题；有序发展燃气发电，关注气源和经济性问题等。再次，要加快科技创新，助力行业节能减碳。应高度关注钢铁、水泥、石化等碳排放大户：钢铁业要适时扩大短流程炼钢规模，探索氢能应用；水泥业要重视采用 CCUS 等先进技术；石化业要注重淘汰落后产能，向炼化一体化产业延伸；交通业要大力推进"油改电"；建筑领域要加大力度发展绿色化、智能化建筑等。此外，还应积极推动云计算、5G 网络、人工智能、物联网等数字技术的发展，推进传统工农业生产及物流等领域的数字化转型，这样可有效减少 30% 的工业碳排放。最后，要加大生态系统建设，提高基于自然的解决方案（NbS）来提升吸碳能力。通过对生态系统的保护、恢复和可持续管理来减缓气候变化，同时利用生态系统及其服务功能帮助人类和野生生物适应气候变化带来的影响和挑战，确保我国碳汇能力长期稳定在 10 亿 t CO_2 左右。

四、按照四阶段部署我国"3060"战略目标的实现路径

充分考虑我国发展阶段和当前碳减排面临的挑战，以"3060"战略目标为导向，建议从当前到 2060 年按四阶段部署实现路径。

第一阶段（2020—2030 年），确保碳排放在 2030 年前达峰。碳排放峰值控制在 110 亿 t CO_2/a 以内，呈现碳排放增长显著放缓、波动起伏、最后缓慢下降的阶段性特征。预计到 2030 年，碳排放量控制在 105 亿 t CO_2/a 左右，2020—2030 年的碳强度降幅达 4.7%。一是通过调整经济结构和提升行业能效实现的减碳贡献率超过 70%，并满足我国 2030 年经济总量较 2020 年增长 60%（按年均增速 4.8% 假设）的用能需求，将 2030 年的能源需求总量控制在 60 亿 tce 左右；二是通过优化能源结构实现的减碳贡献率达 24%，在能源需求侧加快提升工业和建筑领域电气

化率、加速电动汽车对燃油车的替代，能源供应侧加快发展非化石能源的发电和非电能源供给，确保到 2030 年非化石能源占比增至 27%；三是通过淘汰钢铁、水泥、石化等行业落后产能，创新工艺，降低工业过程排放，实现的减碳贡献率达 3%；四是确保 10 年内新增 20 亿 m^3 的森林蓄积量，通过碳汇吸收量的增加实现的减碳贡献率达 3%。

第二阶段（2031—2035 年），从传统路径逐步向更加高效的碳减排路径转移。确保到 2035 年碳排放量逐步降至 90 亿 $t\,CO_2/a$，较 2030 年减少 15 亿 $t\,CO_2$，碳强度年均降幅增至 6% 以上。一是通过进一步优化产业结构和倡导全社会节能等方式降低碳排放，实现减排贡献率达 60%，并满足我国经济规模增长 20% 的用能需求，确保能源需求总量稳定在 60 亿 tce 左右；二是继续提高非化石能源占比至 35%，通过加强能源结构优化实现的减排贡献率达 33%；三是降低工业过程碳排放，实现碳减排贡献率达 6%；四是努力扩大森林蓄积量，维持碳汇吸收量的小幅增长，对碳减排的贡献率约为 1%。

第三阶段（2036—2050 年），实现沿高效减排路径加速碳减排。确保到 2050 年碳排放量降至 26 亿 $t\,CO_2/a$，较 2035 年下降 62 亿 $t\,CO_2$，年均降幅提升至 10% 左右。一是通过节能减排催生的新兴产业和经济全领域节能降耗可实现碳减排贡献率达 47%，并满足我国经济总量增长 53%（按年均增速 2.9% 假设）的用能需求，确保能源需求总量降至 57 亿 tce 左右；二是通过广泛使用低碳或零碳新技术、新模式及建立供需互动智慧能源系统可实现碳减排贡献率超过 52%，CCS 技术开始大规模商业化推广应用；三是继续降低工业过程排放，实现碳减排贡献率达 3%，持续新增 40 亿 m^3 的森林蓄积量；四是加强碳汇管理，保持碳汇吸收规模基本平稳。

第四阶段（2051—2060 年），实现碳中和目标的攻坚期。力争将 2050 年后剩下的 26 亿 t CO_2/a 实现碳中和，包括作为灵活调峰电源的煤电机组耗煤、燃气机组耗气和化工原料、少量燃油汽车、飞机的耗油，以及保障国家能源安全需要的煤制油、气、烯烃、氢的耗煤量等产生的二氧化碳。一是加大技术、制度和商业模式创新，将地热、核能等新能源及储能技术与新一代信息技术深度融合，实现对煤电的全部替代和气电的绝大部分替代；二是加快研发 CCS 和氢能新技术，基本实现对传统石油化工领域的替代；三是继续创新增加碳汇等市场化政策工具。

[本文改编自国务院发展研究中心《调研报告》2021 年第 49 号

（总第 6114 号）中《分四个阶段实现 2060 碳中和》一文]

碳中和目标引导下的能源转型

国家能源咨询专家委员会副主任、国家气候变化专家委员会名誉主任、中国工程院院士　杜祥琬

2020年9月，中国向世界宣布了2030年前实现碳达峰、2060年前实现碳中和的目标。这不仅是我国积极应对气候变化的国策，也是基于科学论证的国家战略，既是从现实出发的行动目标，也是高瞻远瞩的长期发展战略。它更清晰了"能源革命"的阶段目标，也要求我们为能源低碳转型作出更扎实、更积极的努力。

一、能源转型的世界观

从人类文明形态进步认识能源革命。人类文明形态不断进步是历史的必然，能源革命是其基础和动力。化石能源（煤、油、气）的发现和利用极大地提高了生产率，使人类由农耕文明进入工业文明，这是一轮全球性的能源革命，给人类带来了很大进步。200多年来，工业文明在带来巨大进步的同时，也产生了严重的环境问题、气候问题和不可持续性。现代非化石能源的巨大进步正在推动人类由工业文明走向生态文明，这是又一轮深刻的能源革命。"能源低碳化事关人类未来"已是全球高度

共识。

能源技术进步是能源转型的关键驱动力，是破解资源匮乏困局的必由之路，是治理环境污染和应对气候变化的治本之策，是实现经济高效可持续发展的驱动力。

世界能源结构转型分为三个阶段：第一阶段以煤炭为主，1913年全球的一次能源中70%是煤炭；经过几十年的发展，全球能源结构进入以油、气为主的第二个阶段，此时油、气占全球一次能源的50%以上；现在正在向以非化石能源为主的第三个阶段转型，这也是世界各国的发展方向和定位目标。

我国和全球不太一样。我国的能源结构转型也有三个阶段：第一阶段与全球相同，能源结构长期以煤炭为主，但分析表明我国不会有一个以油、气为主的阶段；第二个阶段是化石能源和非化石能源多元发展、协调互补、此消彼长、逐步转型的阶段，我国将通过绿色、低碳、安全、高效的能源转型来实现电气化、智能化、网络化，其核心是低碳化，这次习近平主席宣示的两个目标都围绕着能源低碳转型；我国最后也要走向以非化石能源为主的阶段，这也是我国能源结构的第三个阶段。

为了实现能源结构的低碳转型，必须重新认识我国的能源资源禀赋。只依据化石能源讲"富煤、缺油、少气"不能准确地描述我国的能源资源禀赋，丰富的非化石能源资源（特别是可再生能源）是我国能源资源禀赋的重要组成部分。我国已开发的可再生能源不到技术可开发资源量的1/10，在能源低碳转型的过程中，我国的资源基础是丰厚的。由于对能源资源禀赋认识的局限性，一些能源负荷很重的地区长期以来认为自己"负荷重、资源缺"，却没有认识到自己身边就有丰富的可再生能源资源可以开发，因而形成了对外来电、外来煤的依赖。这是一个影响能源政策和能源战略的实际问题。重新认识我国的能源资源禀赋，是正确认识本国国情的要素，对于确保国家长远的能源安全、引导能源转型具有方向性、战略性的意义。

需要强调的是，我国中东部是能源的主要负荷区，中东部地区能源发展的思路应该是"身边取和远方来"相结合、"分布式与集中式"相结合，强化"身边取"和"分布式"，提高中东部地区的能源自给率；同时，也要加大西部产业发展（如耗能的大数据产业），充分利用西部地区的可再生能源。

二、能源革命下对"十四五"时期能源规划的思考

改革开放以来，能源的快速增长支撑着我国经济的高速增长，但我国能效与世界先进水平相比还有明显差距。我国能源结构有所改善，但还不具有革命性。粗放的增长（产业偏重、能效偏低、结构高碳）使环境问题日趋尖锐，推动了关于转变发展方式和能源革命的觉醒。

从"能源发展"到"能源革命"，我国经济实现了由平面扩张型向多维立体质量型转变。能源面临"四个革命"，这里仅就"消费革命"和"生产革命"简单说明。能源消费革命概括起来就是由粗放、低效走向节约、高效。能源体系首要追求的是能效。我国将能源强度列入考核指标，多年来有所进步，但还不够。我国现在单位 GDP 消耗的能源还是世界平均水平的 1.3 倍，如果把这个 1.3 倍进步到 1.0 倍的话，意味着同样的 GDP 下可以节约十几亿吨标准煤。与 OECD 国家相比，我国的能源强度是其 2.7 倍。所以，节能提效是我国能源战略之首，是绿色低碳的第一能源，是国家能源供需安全和环境安全的要素。在以化石能源为主的能

源结构下，节能提效也是减排的主力。能源生产革命概括起来就是由黑色、高碳逐步转向绿色、低碳，从以化石能源为主转向以非化石能源为主。可以说，我国"能源革命"任重道远。

要想在 2030 年前实现碳达峰、2060 年前实现碳中和，"十四五"时期必须打下坚实基础。我们要以较低的能源弹性系数（≤ 0.4）满足每年大约 2% 的能源增长。在碳中和的背景下，"十四五"期间能源的增量主要由非化石能源和天然气的增加来提供。

能源转型也有风险，转型不力会导致能源系统和技术的落后，社会创新乏力，五大发展理念不落地，低效投资等是主要的方向性风险。

化石能源要尽可能适应能源转型，并作出贡献。对于煤炭来说，要实现更大力度的高效清洁利用，技术进步和碳约束将使煤炭消费逐步减少，煤炭消费率先达峰；高效煤电和新能源可以协调互补、逐步转型；一部分煤电厂做灵活性改造，为可再生能源调峰，这是新的使命。控煤不是控制经济发展，而是促进经济和就业的高质量发展与积极转型。对油气来说，要常非并重、陆海并举、加强勘探、增加储备。总的来说，就是稳油增气，提高天然气消费的比例。值得强调的是，考虑到环境约束、经济约束和碳约束，依靠煤炭实现油、气自给不现实。

大力发展非化石能源、促进低碳转型是对内推进能源革命、对外构建人类命运共同体的融合点，也是推动"双循环"相互促进新发展格局的抓手。

经济社会可持续发展的需求牵引了可再生能源的快速增长，而自然资源、技术能力（包括储能）、成本下降支撑了可再生能源的快速增长。风电、光伏发电成本快速下降，分布式低碳能源网络将培育能源的"产消者"，中东部能源做到高比例自给可减缓"西电东送"和"北煤南运"

的压力。河南省兰考县以前基本依赖外来煤电，经过三年能源革命试点工作，其所用电力已经做到了以自发电为主。到 2021 年，兰考县的发电还可将超过自己需求的部分外送，靠的就是可再生能源。

到 2025 年，中国非化石能源在一次能源中的占比大约达到 20%，电力在终端能源中的占比将大于 31%，非化石电力装机占比将达到 50%，发电量大于 40%。这些指标的实现涉及水电、核电、风电、太阳能、生物质能、地热，也涉及储能、新能源汽车等技术领域和综合能源服务，电网向智能电网进步，微网、虚拟电厂这样的新业态会快速发展。

非水可再生能源原本微不足道，现在却举足轻重，再过若干年必将担当大任。因此要做好自己、协同友邻（网、储以及其他能源）、不断创新，占领新能源的战略制高点，赢得未来。

三、从能源转型看碳中和

温室气体有很多种，但主要是二氧化碳，占 73%。而二氧化碳的 90% 来自化石能源（煤、油和气）的燃烧。目前，在全球一次能源的利用当中，84% 来自化石能源，其中二氧化碳排放（2019 年）为 342 亿 t，其次是甲烷和其他温室气体。

所谓碳中和要看 3 个公式：

● 能源碳排放 = 能源消耗量 × 化石能源的占比 × 单位化石能源排放

（需计算多种温室气体和多种化石能源）

● 碳汇 = 林业等碳汇吸收（CCUS 等移除）

● 剩余碳排放 = 碳汇

2006 年以后，我国成了世界第一大排放国。2020 年的数据显示，我国排放了约 100 亿 t CO_2，这个数字大于美国、欧盟的总和。

从行业来看，碳排放源从何而来？其中，电力行业（主要是火电）占 41%，交通行业占 28%，建筑和工业占 31%。

由此可以得出碳中和的 3 个要素：①节能、提效，在以化石能源为主的今天，这是全球和中国降碳的首要措施；②能源替代，即能源结构中降低化石能源（特别是煤炭）消耗量，高比例发展非化石能源（特别是可再生能源），使之成为高质量能源；③移除，也就是增加碳汇及 CCUS。

"十四五"期间，能源的增量主要靠非化石能源，特别是由可再生能源提供，天然气也要有一定的增长。为此，在"十四五"期间必须高度重视调整产业结构，同时通过加强技术进步来节能提效。煤炭消耗不再增长，"煤达峰"甚至"煤过峰"。

"十五五"期间，随着非化石能源增长与再电气化的发展，开始部分替代煤和油的存量。煤炭＋石油消耗要尽早达峰。中东部地区率先在 2030 年前碳达峰。逐步建立我国的新能源电力体系、能源体系，基于这个能源体系的经济体系将支撑我国的生态文明社会。

从碳达峰到碳中和，我国只预留了 30 年，发达国家一般是 45 ~ 70 年，因此我国实现碳中和需要克服很大困难（能源偏煤、产业偏重、效率偏低，对高碳发展路径依赖惯性大），富有挑战性，克服这些困难恰恰是补齐我国发展的短板，落实新理念、实现新发展对科技创新提出了新的要求。

低碳转型与保障能源安全并行不悖。我国能源不仅要保证供应，而且有必要增长，能源优化，效率更高，会使我国能源更独立，不仅有利于供需安全，而且有利于环境、气候安全。

实现"双碳"目标是复杂的系统工程，是一个科学的转型过程。政策性很强，需把握好节奏、积极而稳妥，既要防止"一刀切"简单化，又要防止转型不力，带来落后和无效投资。把好事办好，深刻推动经济、社会的变革和进步。

碳中和不是经济增长的约束条件，而是全要素生产率增长的重要来源，是促进经济增长的新动能和新模式。碳中和目标对我国不仅是挑战，更是机遇，是基于我国国情和对人类文明进程新觉醒的目标，事关中华民族永续发展和构建人类命运共同体，将带来新投资、新技术、新产业、新交通、新建筑、新能源和新的发展方式，实现经济、能源、环境、气候共赢。

（本文系作者在2020能源年会暨第12届中国能源企业高层论坛上的讲话，

此处作者有修改）

面向碳中和的能源转型路径与政策 [1]

北京航空航天大学经济管理学院　　范英　衣博文

一、能源转型的内涵与特点

习近平主席在 2020 年的第七十五届联合国大会一般性辩论中指出"我国二氧化碳排放力争于 2030 年前达到峰值，努力争取 2060 年前实现碳中和"，为我国社会经济发展指明了战略方向。碳中和目标实现的关键是能源系统的革命性转型，因为目前人类社会超过 80% 的碳排放与能源相关。

目前，世界范围内正在经历面向可持续发展的第三次能源转型，其核心特点是以非化石能源为主的新能源体系替代以化石能源为主的传统能源体系，而前两次能源转型分别是煤炭替代薪柴和油气替代煤炭。本轮能源转型的具体特征是以数字化技术与可再生能源相融合的分布式智能能源体系取代以化石能源为基础的集中化能源体系，进而走上绿色低碳发展道路（杜祥琬，2020）。在这个过程中，能源系统的技术创新潜

[1] 本研究得到国家自然科学基金重大项目"绿色低碳发展转型中的关键管理科学问题与政策研究"课题三"能源体系变革的规律与驱动机制研究"（基金号：71690245）的资助。衣博文为本文通讯作者。

力，特别是颠覆性技术的产生发展是转型的根本。但应对气候变化的紧迫性使本轮能源转型无法完全像前两次转型一样自发性地进行，而是一个受控的变革过程，政策驱动和管理创新将在其中发挥关键作用（李俊峰 等，2016）。本轮能源转型的路径选择、政策强度等都涉及巨大的经济成本和社会成本，并影响社会经济发展和人民福祉。因此，碳中和目标下能源转型的路径优化和政策选择具有重要意义和深远影响。

二、低碳能源转型路径

本轮能源转型的长期目标在全球范围内已基本达成共识，即分散化的供应侧、电气化的需求侧和数字化的供需交互。具体而言，在供应侧，形成以风能和太阳能为主导的多能互补集合替代化石能源；在需求侧，形成以电为主、新型燃料为辅的终端用能体系以提升电气化水平；在供需交互方面，变革传统的能源传输方式和调度方式，以数字化和智能化为基础实现灵活性资源的快速响应、分布式能源的聚合及需求侧管理。

尽管长期目标相对明晰，但从当前的能源消费结构到达这个长期目标的路径是差异化的，且具有较大的不确定性，这取决于国家的资源禀赋、技术发展方向和减缓气候变化的政治决心。资源禀赋既影响国家的能源安全，也通过价格机制影响转型成本。因此，它在很大程度上决定着非化石能源优先替代何种化石能源，以及过渡能源的选取。以德国为代表的重视气候变化且油气资源匮乏的国家，往往会加速退煤进程，并在一定程度上摆脱对石油的依赖，天然气作为过渡能源受制于资源约束则会稳定在一定区间内；以日本为代表的重视能源安全且油气资源匮乏的国家，以天然气和煤炭共同作为过渡能源，并且大力发展氢能及燃料电池以替代石油消费；以美国为代表的重视能源安全且油气资源富集的国家，会形成以天然气为主、石油为辅的过渡能源体系；以挪威为代表的重视气候变化且油气资源富集的国家，能够在不增加进口风险的情况下支撑天然气的增长，同时削减石油和煤炭的生产和消费，实现经济与石油的脱钩（范英 等，2021）。

三、我国能源转型的路径

我国与德国等大部分欧盟国家类似，属于重视气候变化且油气资源相对匮乏的国家范畴。但我国处于工业化和城镇化的发展进程中，能源需求增长压力较大，能源体制机制障碍较多，能源技术水平总体仍然相对落后，加速能源行业向低碳乃至零碳系统转型是一项极大的挑战。

从一次能源结构的角度来看，我国在大力发展非化石能源的同时需加速退煤进程，削减石油消费，并且以天然气作为过渡能源。但与欧盟国家不同的是，我国居民等部门的基础用气量并未达到饱和，因此天然气消费短期内仍会增长，但不会出现如美国一样天然气大规模替代煤炭的情况。电力系统作为非化石能源利用的主要载体，无疑成为本轮能源转型的重中之重。截至 2019 年，我国可再生能源发电占比仅为 27%，而且其中约 60% 来自波动性相对不大的水力发电（国家能源局，2020）。考虑到水电资源经济开发潜力将在 2030 年前后耗竭，未来可再生能源发电必然主要依赖波动性较高的风能和太阳能，这将给电力行业带来巨大的系统性成本，同时给电力供应体系的经济稳定运行带来挑战。

我国电力系统在转型的过程中需着重注意产业的空间布局及灵活性资源的部署，这既缘于电力的自然特性，也与我国区域资源禀赋和经济发展水平呈现显著的逆向分布有关。风能和太阳能无疑将成为电力系统的主导能源，但这并不意味着完全摒弃煤电，而是需要严控其建设区域，煤电的角色也将逐渐从基荷转变为调峰和备用电源。利用我国煤炭资源与风光资源同向分布的特点，加强电力系统的跨区消纳和调峰能力，形成新疆、晋蒙西等主要电力生产和外送基地，不仅能够进行区域层面的电力资源配置，还能优化灵活性资源的分配（Yi et al., 2019）。除此之外，灵活性资源的部署还需统筹优化、因地制宜，并且充分发挥电源、电网以及储能之间的互补优势。

四、能源转型的政策与市场机制

当前及未来一段时期内，化石能源仍然在市场竞争中具有优势，因此能源转型路径的实现必然需要政策的助推和引导。政策通过市场发挥作用，可以改变系统的演化轨迹，加速能源的绿色低碳发展。能源转型所需的市场机制和政策支持可以概括为以下六个方面。

（一）碳定价

在目前的技术水平下如果单纯考虑使用成本，新能源仍不具备市场竞争优势，其根源在于传统的高碳能源所带来的环境与气候影响、健康和医疗支出等多方面的外部性影响没有被纳入能源成本范畴内。因此，基于外部性理论建立有效的定价和激励机制是政策助推的必然选择，同时可以为与低碳相关的创新注入动力。碳排放权交易是基于市场机制解决碳排放负外部性的有效手段，同时也是我国实现碳达峰、碳中和目标的重要举措和节能减排政策的重大创新（张希良 等，2021）。近年来，能源利用效率的提高始终是我国能源强度大幅降低的最主要驱动因素，而且短期内仍具备较大的节能潜力和结构优化潜力。因此，全国统一碳市场的建立十分必要且意义重大。从欧盟碳市场前三个阶段的运行情况来看，合理碳价的形成需要机制设计的动态调整，包括配额总量设置、初始配额分配方式以及配额的跨期存储机制等方面。

（二）电力市场化改革

我国的能源体制机制改革与能源转型是同时进行的，而欧美一些发达国家的能源体制改革是先于能源转型的，并且针对转型出现的新问题动态地调整市场机制。就本轮转型而言，电力市场的机制设计无疑是重点（Markard，2018）。受限于自然特性，可再生能源接入电网产生的调峰和备用成本将愈发显著，其成本的分摊机制亟待建立和完善（Yao et al.，2020）。因此，通过市场手段对电力系统出现的新的利益冲突进行响应和调节至关重要。我国电力市场当前正处于从购买代理模式向批发竞争模式转型的关键时期，但这只是改革的第一步。电力市场是一个极其复杂的有机整体，不仅包括各类电能交易市场，还包括与之相配套的辅助服务市场、容量市场等，最终形成接纳绿色电力的完备市场体系。只有在健全的市场机制下才能进行灵活且多样化的产品设计，如爬坡类发电产品的引入、灵活性资源的备用制度等（曲昊源 等，2020），才能激励灵活性资源的部署和调度，保障电力系统的安全稳定运行。

（三）需求侧管理

碳中和目标的实现具有相当的难度，不仅需要能源技术的颠覆性变革，也需要相应改变人的生活方式和用能行为。近年来，常规电厂在提高灵活性方面已经取得了不少进展，但需求侧仍几乎无法提供任何灵活性。碳中和目标要求间歇性风光发电在电力系统中占据极高比例，这不仅加剧了系统对灵活性的需求，而且对常规火电存在挤出效应，灵活性资源的供需将进一步失衡。储能是解决上述问题的关键，但大规模的电化学储能成本较高，其技术进步趋势存在较高的不确定性（Bistline et al.，2020）。与之相反的是，需求响应实际上是一种成本相对较低的灵活性资源，特别是在未来，以数字化技术为基础的能源供需交互将会更加频繁，需求反向适应供给将成为常态。需求响应可以被看作一种绿色行为，尽管其并未直接带来节能效益，但在时间尺度上，用能模式的转变有助于实现能源供需匹配，其重要性和经济性不亚于供给侧的颠覆性技术创新。

（四）电动汽车 V2G

电动汽车由于其用能需求相对灵活且可调度性强，成为需求侧管理领域的重要措施（Khorramdel et al.，2015）。但与其他措施不同的是，电动汽车可以充当"虚拟电厂"的角色与电网相互协作参与需求响应，即我们通常所指的"车网融合"（Vehicle-to-Grid，V2G）技术。该技术通过引导电动汽车配合电网运行规律有序充电，减少波峰时段用能，提高波谷时段的电源利用率，缓解随机性充电需求对电网的冲击，同时增强电力系统运行的稳定性（Kahlen et al.，2018）。V2G 的实现在很大程度上取决于对低碳能源产业发展方向和电动汽车充电行为的管理，需要从政策层面对能源转型的方向进行系统性的引导。随着低碳能源技术实现了大范围推广与应用，管理政策的重心需要从提升产量转移到革新既有能源系统的运行模式以匹配低碳能源生产和利用，并且建立电动汽车与能源系统的跨行业协同管理机制，将低碳能源技术系统性地融入能源体系。

（五）分布式能源

可再生能源的分散性特征决定了在未来高比例可再生能源发展中分布式能源体系将是集中式电力供给的重要补充，包括屋顶太阳能光伏、微型风力涡轮机、热泵、插电式电动汽车等多种能源载体（IRENA，

2019）。随着分布式能源的逐渐渗透，配电公司必须调整他们的角色并对其商业模式进行转型，从之前的网络规划者转变为系统运营商。分布式能源在与集中式大电网的互联互通中面临成本分摊等问题，需要以创新的市场机制和输配电价形成机制作为保障。与此同时，分布式能源运行过程中对大电网的调峰依赖和调压调频需求，以及大电网对分布式能源系统的反向调峰需求均对系统的协同调度运行能力提出了更高的要求（Rajamand，2021）。解决分布式发电并网的不确定性和信息频繁交互的问题需要借助数字技术创新系统运行模式，以实现系统的快速响应和精准预测。

（六）碳移除技术

从某种意义上说，碳移除技术的发展决定了未来我国实现碳中和的边际成本上限。碳移除技术主要包括 CCS、BECCS、DAC 等。此外，改善森林管理增加碳汇以及生物固碳也属于其广义范畴。碳移除技术发展受到长产业链的限制，产业间的技术协作十分困难，这直接影响了技术的落地与扩散（Kheshgi et al., 2009）。而且，碳移除技术引入能源系统后，不仅面临与传统化石能源的竞争，还面临与风电、光伏以及储能等新能源的竞争，但无论技术的演化方向如何，碳移除技术始终是实现碳中和目标不可或缺的一部分（Duan et al., 2021）。促进技术利基市场发展的政策和保障机制设计是碳移除技术扩散的关键，为新技术的出现和发展提供了创新土壤和传播环境。

五、政策建议

碳中和目标下的能源转型是一项复杂的系统工程，具有时间紧迫、主动转型、新技术涌现等划时代的鲜明特点，其边界已经拓展到能源生产、能源储运、能源消费及碳移除等领域，且各领域之间相互关联、相互作用。尽管碳中和是 2060 年的远景目标，但"十四五"和"十五五"期间的技术选择十分重要，包括储能和碳移除技术的研发、风光的大规模建设、控煤和优化煤炭产业布局、煤电的角色转换等方面，否则容易造成技术锁定和路径依赖，影响碳达峰、碳中和目标的实现。

从当前的能源体系向新一代能源体系转型是一个漫长而艰难的过程，既需要政府设计有效的机制、制定相关的政策，还需要激发企业的创新活力，同时引导绿色消费行为和理念。对于我国而言，加速能源系统的体制机制改革、破除少数企业的垄断、理顺能源价格、完善市场机制是近期转型的重点，而逐步完善碳市场和绿证市场、充分发挥其外部性定价和激励作用是政策设计的核心。从长期来看，建立电力辅助服务市场和电力零售市场，增强分布式、多能互补、储能、生物质能、氢能等关键技术的研发投入将至关重要。但创新不仅局限于关键技术，还包括与之相配套的商业模式和系统运行模式，这有助于系统以更低的成本实现更好的灵活性。总体而言，需要加强顶层设计和系统谋划，从多个维度驱动转型进程，建立创新引领、政策驱动、以市场为核心、以行为引导和补充的能源转型机制，从而贡献于碳达峰、碳中和的宏伟战略目标，推动经济社会高质量发展。

工业绿色低碳发展是碳达峰、碳中和的关键

赛迪顾问股份有限公司双碳经济研究中心总经理　马涛

2020 年 9 月，我国在联合国大会上向世界郑重承诺，二氧化碳排放力争于 2030 年前达到峰值，努力争取 2060 年前实现碳中和。2021 年 3 月，我国首次将"双碳"目标写入政府工作报告，标志着我国低碳发展的目标更加明确。在全球共同应对气候变化挑战的背景下，"双碳"目标的提出是我国主动承担应对全球气候变化责任的大国担当，也是我国经济发展进入新阶段的必然要求。工业作为我国经济社会发展的支柱，既是"用能大户"，也是"碳排放大户"，目前我国工业总体上尚未摆脱高投入、高消耗、高排放的发展方式，资源能源消耗量大，生态环境问题较为突出，未来绿色低碳发展的难度和形势依然十分严峻，因此积极推动工业绿色低碳发展对实现我国"双碳"目标意义重大。

一、我国工业绿色低碳发展取得的成效与成绩

当前，我国工业领域已从高速发展模式转向高质量发展模式，绿色化、低碳化成为工业转型发展的"主旋律"。多年来，我国已逐步探索出一条符合我国国情的绿色低碳循环的高质量发展道路，工业领域及经

济发展模式正加快向绿色化和低碳化方向转型。特别是"十三五"以来，我国生态文明建设加快推进，工业绿色低碳发展取得了积极成效，具体表现在以下几个方面。

一是绿色低碳顶层设计日臻完善。近年来，我国先后发布了《工业绿色发展规划（2016—2020 年）》《绿色制造工程实施指南（2016—2020 年）》《工业节能管理办法》《工业固体废物资源综合利用评价管理暂行办法》《新能源汽车动力蓄电池回收利用管理暂行办法》等一系列顶层政策，为我国工业绿色低碳发展指明了方向。2021 年 2 月，《国务院关于加快建立健全绿色低碳循环发展经济体系的指导意见》（国发〔2021〕4 号）发布，进一步为实现"双碳"目标提供了政策保障。

二是产业绿色低碳发展趋势显著。生态环境部、工业和信息化部及国家统计局公布的数据显示，截至 2019 年年底，我国单位 GDP 二氧化碳排放量较 2005 年降低约 47.9%，提前完成我国对外承诺的 2020 年目标。规模以上企业单位工业增加值能耗累计下降超过 15%，相当于节能 4.8 亿 tce；粗钢、粗铜、氧化铝等重点产品综合能耗分别下降 4.9%、17.9%、7.8%；万元工业增加值用水量累计下降 27.5%。同时，产业结构调整步伐也在加快，截至 2019 年年底，我国三产增加值相比 2015 年增长 52.7%，服务业占 GDP 的比重增加 3.1 个百分点。

三是能源结构优化调整步伐加快。"十三五"以来，我国能源消费结构逐步优化，清洁能源装机规模不断扩大，清洁能源电力供应能力持续增强。能源消费结构方面，能源消费需求逐年上升，2020 年能源消费总量达到 49.8 亿 tce，其中清洁能源消费比重呈现显著上升态势，年均提高 1.3 个百分点。清洁能源装机规模方面，火电装机规模比重呈现快速下降趋势，清洁能源装机比重明显上升，2020 年清洁能源装机比重较 2016 年提高了 7.7 个百分点。清洁能源电力供应能力方面，清洁能源发电量逐年提高，2020 年清洁能源发电占比较 2016 年提高了 3.8 个百分点。

四是绿色制造体系建设初具规模。在制造业领域，我国绿色制造体系初步形成，截至目前，在全国范围内共创建绿色工厂 2 121 家、绿色工业园区 171 家、绿色供应链企业 189 家，绿色产品推广近 2 万种。在电子、纺织、钢铁、化工等多个重点行业成功研发了一批制约行业绿色转型的关键共性技术，辐射和带动了重点省份或区域工业的高质量发展。

五是低碳技术研发应用持续加强。多年来，我国逐步形成了科研院所及企业层面加快技术研发、国家层面加大推广应用的协同推进机制，如生态环境部持续征集《国家重点推广的低碳技术目录》，并开展初评和复评，科学技术部发布《中国碳捕集、利用与封存技术发展路线图（2019 版）》，组织编制《节能减排与低碳技术成果转化推广清单（第二批）》等，有力提升了工业领域绿色低碳发展的技术支撑能力。

二、我国工业绿色低碳发展面临的机遇与挑战

"双碳"目标的提出对我国工业领域绿色低碳发展提出了更高要求，发掘其中的机遇、迎接即将到来的挑战将成为未来我国工业绿色低碳发展迈上更高水平的关键。

首先，我国传统能源低碳转型需求迫切，清洁能源将迎来更大的市场空间。一方面，实现"双碳"目标进一步增强了我国能源低碳转型的必要性和紧迫性，为我国能源供应链中的能源生产、能源传输、能源消费的加速升级带来了机遇。煤气油等传统化石能源的清洁化、风光核氢等清洁能源的规模提升、"源网荷储一体化"的电网结构调整及数字技术

与能源系统的深度融合等都将是未来能源供应链低碳升级的重点领域，相关技术研发、装备制造、专业服务等领域将迎来更大的市场空间。另一方面，未来能源消费将保持低增速和低增量的发展态势，传统火电、煤化工等高碳排放项目将进一步收紧，清洁能源将成为能源消费增量的主体，如何调和传统火电与新能源之间的共生共赢关系、如何合理平衡推进各级输配电网投资建设、如何适应能源供需变化以保持供应链整体安全稳定等也成为当前亟待解决的问题。目前，我国太阳能、风能、水能可开发量分别超过 100 亿 kW、35 亿 kW、6 亿 kW，供给量充足但利用率较低等问题突出，随着储能技术研发和推广应用的加速，能源并网、能源消纳等关键技术亟待突破，从而为加快优化能源结构奠定了基础。

其次，我国传统产业发展模式亟待调整，新兴产业发展潜力将得到释放。一方面，实现"双碳"目标对我国产业结构的低碳化发展提出了更高要求，钢铁、水泥、石化、建材等传统高耗能、高排放行业的发展空间将进一步收紧，迫使相关行业由过去的规模化、粗放型发展快速转向精细化、高质量发展，产业链、价值链将全面升级，企业竞争格局将得到重塑，传统产业中在技术、工艺、装备、产品等方面率先创新升级的引领企业将得到更好的发展机遇、具备更强的市场竞争力。另一方面，产业结构升级也将加快能源结构高频次和高标准调整的步伐。党的十九届五中全会明确提出，"十四五"期间将降低碳排放强度，支持有条件的地方率先达到碳排放峰值。以高经济效益、低能源消耗为主线的产业结构优化将成为各地未来工作的重点，节能环保、清洁生产、清洁能源等绿色产业凭借自身突出的低碳属性和高技术禀赋将迎来新一轮快速发展机遇，产业发展潜力将得到进一步释放，在我国产业结构中的地位也将逐渐提升。

最后，我国碳减排、碳消纳"齐头并进"，工业园区绿色生态属性亟须彰显。实现"双碳"目标既要在碳排放端"节流"，也要在碳消纳端"开源"，"节流"在于工业领域的节能减排，而"开源"则与生态文明建设息息相关。工业园区作为我国工业领域产业、企业的最主要载体，提升自身碳消纳能力将是未来的重点任务之一，在园区建设过程中同步探索开发生态工程碳汇项目将成为趋势。通过此举，一方面能够提升工业园区自身的碳消纳能力，加快低碳转型进程；另一方面能够推动环境资源向资产转变，实现园区整体价值的进一步提升，使自身由功能单一的工业载体加快向宜居宜业宜游的产城融合发展模式转变。可以预见，未来协调好工业发展和生态文明建设两者的关系，充分释放园区自身绿色生态属性，将会有更多的低碳甚至"零碳"工业园区涌现。

三、进一步推动我国工业绿色低碳发展的建议

第一，统筹工业绿色低碳发展顶层设计。一是强化顶层规划设计引领，制定"双碳"目标总体方案和重点行业方案，针对工业绿色低碳发展需求，尽快梳理出亟须开展低碳转型的重点行业目录，加快重点行业绿色低碳发展规划方案的研究及制定，以支持性政策带动产业结构低碳化调整，鼓励低碳经济提速发展，围绕重点经济领域积极探索制定切实可行的"双碳"目标支撑方案及实施路径。二是实现低碳关键技术突破，聚焦各领域脱碳技术薄弱环节，在科技创新领域精准施策，加大相关低碳科技政策支持力度，有针对性地开展低碳转型核心技术攻关，加强相关技术人才培养，以产、学、研一体化模式加速低碳技术的应用推广。三是构建完善的低碳治理体系，健全碳排放、碳交易相关法律法规，在

碳管理标准化、碳交易市场化等重点层面加快推动从摸清"碳"家底到碳排放权管理标准体系的制定和落地实施。充分利用市场机制引导限制和减少二氧化碳排放，加快完善全国碳交易市场建设相关规范标准，通过财政、税收等政策手段引导企业和个人消费向绿色化、低碳化转变。

第二，把握能源和制造业两个重要抓手。一是在能源领域，应深入研究未来能源绿色低碳发展路径，加快能源供应链优化升级，科学调整传统火电规模布局，加速推动太阳能、风能、水力、氢能等清洁能源替代进程，并注重清洁能源发电、并网及储能技术的研发和推广应用，切实增强清洁能源对大数据中心等新型基础设施建设运营的支撑作用，提高能源系统动态调节能力，加快能源互联网建设，强化能源生产、传输、消费各环节协同联动，多措并举构建我国新型低碳化能源体系。二是在制造业领域，要坚持科技创新驱动，大力发展超低排放、资源循环利用、传统能源清洁高效利用等绿色低碳技术，推动绿色制造加速发展，在制造业领域打造出更多的绿色园区、绿色供应链、绿色工厂等示范工程。

第三，推进"双碳"经济新型发展模式。"双碳"经济是我国"双碳"目标提出后逐步形成的一种新型经济发展模式，以碳生产率提高为外在体现，以能源结构优化、产业结构升级、低碳技术创新和制度体系完善等为多元途径，最终目的是实现经济社会的可持续发展。区别于其他经济模式，"双碳"经济具备主体多元、节点明确、技术驱动等突出特征，其形成和发展过程涉及各级政府、园区和企业。由于经济性质与功能的不同，各地区在"双碳"经济的发展路径方面也应进行区分和侧重，因地制宜地合理规划"双碳"经济发展路径，如我国西北地区应发挥新能源资源禀赋，将能源领域作为"双碳"经济的发展重点；东部发达地区则应依托雄厚的产业基础和成熟的金融市场，推动绿色金融、碳交易市场、低碳技术创新在全国范围内的引领性发展，并以此为其他地区"双碳"经济的发展提供经验。

第四，探索工业领域"零碳园区"建设。工业是我国碳排放的重要领域，而园区又是我国工业发展的主要载体，园区能否实现低碳乃至零碳发展将直接影响到我国"双碳"目标的实现。近年来，我国园区加速从单纯减排向全面低碳绿色发展转变，成为积极推动工业低碳发展、高质量发展的关键力量。"双碳"目标的提出为园区进一步绿色低碳发展赋予了新的内涵和要求。其中，部分地区应以"零碳园区"建设作为推动园区低碳发展、实现"双碳"目标的重要抓手。因此，结合"双碳"目标要求，厘清"零碳园区"内涵及特征，探索"零碳园区"建设的实现路径尤为重要。需要说明的是，"零碳园区"并不意味着园区的生产活动完全没有碳排放，而是在无碳汇抵补的前提下，通过全面碳减排和碳中和措施实现园区能源、建筑、工业、交通等领域无限接近零碳。"零碳园区"建设应确立匹配园区产业发展的碳排放核算标准体系，解决当前园区存在的碳排放评价与核算标准缺失的问题，为低碳发展提供基础数据支撑；构建科学有效的碳排放管理机制，出台专项督查考核办法，常态化开展"双碳"目标阶段考核评估和动态管理，确保以时间倒逼进度、以目标倒逼过程、以责任倒逼落实，为实现减排降碳、低碳发展提供制度保障。

第五，加强工业绿色低碳发展协同共进。工业绿色低碳发展对我国经济社会现代化体系建设具有重要意义，虽然当前我国碳排放来源是以工业产品生产端为主，但随着未来消费持续提质，碳排放有可能向工业产品消费端迁移，因此从长远来看，以低碳消费带动低碳生产将成为未来工业绿色低碳发展的重要途径，而这条途径的畅通离不开全社会各领域的协同共进。对政府而言，要在全社会广泛开展节能低碳宣传教育，引导全社会树立节电、节水、节油、节气的低碳理念，推广绿色低碳的生产、生活方式，将绿色低碳发展概念落到工业生产和居民生活的实处。对于企业而言，要积极推动数字化，带动生产运营模式向高端化升级，使自身在未来市场中的竞争力得到提升；同时，应注重价值认知和思维方式的升级，特别是对大型工业企业而言，应通过低碳转型发挥自身在承担社会责任、引导社会消费升级方面的重要作用。对全民而言，应积极响应国家倡导的低碳生活方式，注重培养自身绿色低碳生活意识和消费理念，如优先选择公共交通出行、减少塑料制品使用、加强废旧物品循环利用等，真正做到"低碳转型，从我做起"，以全民意识提升保障生产、生活的绿色低碳发展成效。

总之，实现碳达峰、碳中和的中长期宏伟目标，既是我国自身实现高质量发展的重要途径，也是应对全球气候变化所展现的大国担当。未来我国工业绿色低碳发展进程将进入更高水平的新阶段，以统筹顶层设计为引领，逐步建立健全碳排放相关政策标准体系，以能源和制造业为抓手，在碳排放重点领域取得低碳发展的重大突破，以全社会协同为路径，着力构建自上而下、由点及面的全领域绿色低碳发展格局，才能解答好在实现"双碳"目标背景和要求下对我国工业绿色低碳发展提出的新命题。

高质量超低排放开启中国钢铁低碳发展之路

冶金工业规划研究院党委书记、总工程师　李新创

一、实现碳中和是推动生态文明建设的根本措施

全球气候变化是 21 世纪人类面临的重大挑战。作为全球最重要的经济体之一，我国在联合国大会上作出庄严承诺，明确提出将提高国家自主贡献力度，采取更加有力的政策和措施，二氧化碳排放力争于 2030 年前达到峰值，努力争取 2060 年前实现碳中和，这标志着我国应对气候变化工作已经进入了新的发展阶段。碳达峰目标及碳中和愿景是习近平总书记的重要宣示，是党中央、国务院统筹国内国际两个大局作出的重大战略决策，影响深远、意义重大。它不仅是对应对气候变化工作提出的要求，更是对我国未来经济高质量发展和生态环境高水平保护提出的明确要求。因此，我国将把碳达峰、碳中和作为推动实现高质量发展的倒逼机制和生态环境保护的治本之策，必须坚定不移地实施积极应对气候变化的国家战略，促进中国经济社会实现全面绿色转型。

二、高质量超低排放是现阶段钢铁行业低碳发展的重要抓手

2019 年，全球钢铁工业碳排放量约 26 亿 t，约占全球能源系统排放量的 7%。而我国钢铁工业碳排放量占全球钢铁工业碳排放总量的 60%以上，约占全国碳排放总量的 15%，居制造业行业首位。因此，钢铁行业如何实现低碳发展，对我国实现碳达峰、碳中和目标具有举足轻重的作用。

钢铁行业的降碳途径主要包括减少钢铁产量、高炉长流程向电炉短流程转型、开发低碳冶炼工艺、发展清洁能源、实施节能改造、开发 CCUS 技术等。但是，除实施节能改造外，大多数途径要实现大规模应用还存在诸多现实条件的限制，如我国经济发展还离不开钢铁产品的支撑，钢产量短期内难以大幅下降，电炉短流程置换的政策支持力度不足，企业发展风能、光伏清洁能源受地理位置、场地等因素的制约，缺乏技术成熟可靠且经济可行的新型低碳冶炼工艺、CCS 技术等。此外，钢铁企业对于低碳发展的认知还较为模糊，人才储备有待加强，管理监控体系还不健全，短期内全面实施的基础较为薄弱。

当前，我国钢铁行业正在全面实施超低排放改造，大幅削减主要大气污染物排放量，助力打赢蓝天保卫战。大气六项常规污染物和温室气体具有同根、同源、同过程的特点，两者可实现协同减排。生态环境部部长黄润秋接受新华社采访时表示，有关机构评估显示，2013—2017 年通过压减钢铁、水泥等行业过剩产能，在大幅降低大气污染物排放的同时，协同减排二氧化碳约 7.37 亿 t。"十四五"时期，空气质量的持续改善是我国生态环境领域的重点工作，其中钢铁行业高质量实施超低排放改造仍将是重要抓手，超低排放相关配套政策、技术体系也较为成熟。

因此，在现有政策体系下，通过高质量实施超低排放改造推动常规大气污染物和碳协同减排是现阶段最可行的碳达峰途径，也为下一步碳中和奠定坚实的基础。

三、正确认识实施超低排放改造对钢铁企业碳排放的影响

一些观点认为实施超低排放必然大幅增加能耗，从而增加钢铁企业的碳排放，会对碳达峰、碳中和带来负面影响。这种仅把钢铁超低排放当成是单纯的末端治理的认识是十分片面的，而从《关于推进实施钢铁行业超低排放的意见》（环大气〔2019〕35号）中可以看出，钢铁超低排放是一场全流程、全周期、全过程、全覆盖的绿色革命。因此，关于超低排放对钢铁企业碳排放的影响必须结合超低排放的相关要求进行全面分析。

（一）超低排放改造直接增加的碳排放量分析

如果钢铁企业基本的污染治理设施缺失严重，在实施超低排放改造的过程中需要补齐大量治理设施欠账，就必然会造成能耗的上升，增加碳排放。但对于废气治理设施齐全的合法合规钢铁企业来说，与达标排放相比，超低排放并不会造成碳排放量的大幅增加。

对比钢铁行业超低排放限值和特别排放限值，各项主要污染物排放浓度均大幅收严。首先，烧结球团的二氧化硫排放浓度由 180 mg/m³ 降低到 35 mg/m³，氮氧化物排放浓度由 300 mg/m³ 降低到 50 mg/m³。为实现超低排放，现有脱硫设施需要提高浆液循环量，增加循环浆液泵电耗；新增脱硝设施需要克服 GGH（烟气换热器）和 SCR（选择性催化还原）反应器的阻力，增加增压风机电耗，烟气加热会增加高炉煤气消耗量。

按平均水平测算，实施脱硫和 SCR 脱硝改造后，整体将增加电耗约 5.2 kW·h/t 矿，增加高炉煤气消耗量约 38 m³/t 矿。其次，颗粒物排放浓度由 10～40 mg/m³ 降低到 10 mg/m³，需要采用高效滤筒等先进除尘工艺实施改造，通过增加过滤面积、降低过滤风速来实现超低排放，由于降低了除尘器阻力，不但不会增加能耗，反而会降低 1%～2% 的除尘系统电耗。因此，可测算出钢铁企业实施超低排放改造后直接增加的碳排放量约为 40 kg/t 钢，占钢铁企业碳排放总量的 2%。

（二）超低排放协同碳减排量分析

《关于推进实施钢铁行业超低排放的意见》突出了结构调整和源头控制，强调全流程、全过程环境管理，通过"超低改造一批、达标治理一批、淘汰落后一批"，推动行业整体转型升级，从而提升钢铁行业的碳效率，实现碳协同减排；通过实施差别化环保政策，营造公平竞争、健康有序的发展环境，为促进行业高质量发展、开启中国钢铁行业低碳发展之路创造了有利条件。

高质量实施超低排放改造，要求实施源头减排。例如，通过实施储运设施机械化改造，可以替代厂内汽车倒运和非道路移动机械作业，减少柴油用量 2～5 L/t 钢；通过实施烧结机头烟气循环，可减少固体燃料消耗 1～3 kg/t 矿，降低电耗约 3 kW·h/t；通过实施高炉炉顶料罐均压放散煤气回收改造，可减少高炉煤气排放约 5 m³/t 铁。以上合计可减少碳排放 11～19 kg/t 钢。此外，实施高炉煤气精脱硫，既可以避免大量煤气用户因配套末端治理设施而带来的能耗增加，还可以为下一步高炉煤气分离捕集二氧化碳奠定基础。

高质量实施超低排放改造，要求强化无组织排放管控，加强产尘点的封闭和密闭，减少收尘系统的无效浪费；强调治理设施和生产设施的同步运行，减少治理设施的无效运行和能源浪费。首钢迁钢公司在实施超低排放改造后，其治理设施运行能耗降低了 12%，按钢铁企业除尘系统电耗约为 150 kW·h/t 钢测算，可减少碳排放量约 11 kg/t 钢。

高质量实施超低排放改造，要求提高大宗物料和产品以清洁方式运输的比例，大幅减少运输环节的污染物排放量。钢铁企业外部运输量为粗钢产量的 4 ～ 5 倍，道路运输平均距离约为 350 km，经初步测算，实施清洁运输改造后可减少碳排放 8 ～ 13 kg/t 钢。

因此，高质量实施超低排放改造，通过源头和过程协同减排，可基本中和末端治理增加的碳排放量。更重要的是，高质量实施超低排放改造，既可以倒逼企业进行结构调整、使用清洁原燃料、优化生产工艺流程、提高资源能源利用效率，从而实现更深层次的协同减排，还可以助力企业通过建立全流程、全方位的监测监控体系，实现由过去粗放型管理向集约化管理、由传统经验管理向科学化及数字化管理的转变，形成低碳发展的长效机制。

四、实现常规污染物超低排放和二氧化碳协同减排的建议

生态环境部于 2021 年 1 月发布的《关于统筹和加强应对气候变化与生态环境保护相关工作的指导意见》（环综合〔2021〕4 号）提出，在钢铁等行业开展大气污染物和温室气体协同控制试点示范。针对钢铁行业常规污染物及二氧化碳协同减排，本文提出以下四点建议。

一是因地制宜地制定超低排放和碳减排协同的规划和路线图。钢铁企业应结合自身情况，统筹考虑应对气候变化与生态环境保护二者的需求，研究制定协同管控战略。通过开展重点大气污染物及温室气体协同

减排效应评价，识别可落实的协同减排项目，提前规划发展路线。同时，应做好以下3个方面的融合：①做好企业内部管理融合，进一步强化环保、低碳的职责与分工；②做好低碳与环保相关数据融合，实现大气污染与温室气体排放清单一体化；③做好环保、低碳及相关技术的融合，最终实现污染排放和碳排放的"双控"目标。

二是高质量实施超低排放应综合施策，杜绝堆砌末端治理设施。超低排放方案不但提出了具体的限值要求，还明确了超低排放改造的技术路径，不但提出了脱硫、脱硝、除尘等末端治理技术，还提出了烧结机头烟气循环、煤气精脱硫等源头控制措施。因此，钢铁企业应避免为了达到超低排放限值而一味堆砌末端治理设施，否则不仅难以取得预期效果，反而会增加无效的能耗和成本，增加碳排放。同时，末端治理的惯性思维也会导致管理者对于结构优化、精细化管理等关注不够。钢铁企业实施超低排放应该强调源头削减、过程控制和末端治理并重，要对各污染源分类综合施策，强化源头削减、严格过程控制、优化末端治理，从而实现常规大气污染物和碳协同减排。

三是通过超低排放彻底梳理家底，建立碳排放一体化监测体系。钢铁工业是复杂的流程工业，长期以来家底不清的问题对各项工作的顺利开展造成了障碍。超低排放工作对监测监控体系提出了严格的要求，对有组织排放、无组织排放、清洁运输等各环节都要进行全方位、无死角的信息采集和记录。通过全面实施超低排放、建立完善的监测监控体系，可以彻底梳理清楚钢铁企业家底。结合下一步碳减排需求，企业可以在超低排放监控体系的基础上进一步推进物联网、大数据、云计算、区块链等互联网技术的应用，基于生产实时数据进行碳排放全流程管控，实现碳排放目标管理、监测预警和监督考核，打通数据链条，最终实现大气常规污染物及碳排放一体化协同监控。

四是通过实施超低排放练好内功，为碳中和奠定基础。"十四五"时期，环境空气质量的持续改善仍是重中之重，通过推行钢铁行业超低排放，倒逼京津冀、长三角等重点区域工艺装备落后、能耗和污染物排放高、管理粗放的企业退出，促进化解过剩产能和产量控制，促进结构调整和布局优化。此外，通过超低排放配套差别化支持政策的实施，督促企业进一步优化生产工艺流程、加快清洁化生产改造，同时提升管理的精细化水平，推动行业绿色转型、练好内功，以健康的状态迎接碳中和时代的到来。

（原文刊于冶金工业规划研究院官网 2021 年 2 月 5 日）

碳中和、能源转型与"十四五"煤电政策走向

华北电力大学经济与管理学院教授　袁家海

一、碳中和目标要求能源电力系统深刻转型

2020年9月22日，国家主席习近平在第七十五届联合国大会一般性辩论上发表重要讲话时提出，中国将采取更加有力的政策和措施，二氧化碳排放力争于2030年前达到峰值，努力争取2060年前实现碳中和。作为全球最大的碳排放和能源消费主体，我国实现碳中和需要能源系统的颠覆性变革，必须从以化石能源为主转向以零排放的新能源为主。

为实现碳中和目标，亟须加快能源转型的步伐，电能作为清洁、高效的二次能源，在推动能源转型、实现碳中和目标的过程中扮演着关键角色，提升我国各终端用能部门的电气化水平是实现碳中和目标的必然路径。而电力行业又是我国二氧化碳排放的主要来源，为应对气候变化、实现我国既定的"双碳"目标，电力行业亟须加速转型，加快向以新能源为中心的电力系统转型，加速能源电力系统深度脱碳进程。碳中和有狭义二氧化碳中和与广义全部温室气体中和之分，即便是狭义的二氧化碳中和，电力系统也要实现零碳，而广义的温室气体中和则要求电力系统贡献负碳。中国气候变化事务特使解振华已明确表示，中国2060年前要实

现全部温室气体碳中和,而不只是二氧化碳。在此目标下,能源电力系统脱碳的压力巨大,需要系统谋划、目标导向、倒排工期、有序推进。

(一)能源供给侧

为加速实现现有能源系统向清洁低碳、安全高效的能源系统转变,实现"双碳"目标,重点在于明确形成"以电为中心"和加快以新能源为中心的新一代电力系统的转型共识、健全新时代下的电力市场体系,加快开展顶层设计和总体部署,制定能源转型路线和实施方案,明确可再生能源发展的长期目标和阶段性目标,推动能源、电力领域关键技术的创新发展与应用,加速推进能源新基建,构建大规模高比例可再生能源的新一代电力系统。

当前,可从以下方面推动新能源发展:一是制定新能源发电新增装机的量化目标;二是加大对清洁电力系统各方面的投资力度,支持对零碳电气化配套基础设施的投资,如特高压输电、电动汽车、智能配电网、储能和数字化电网等,以保障不断增加的高比例可再生电力系统的稳定运行;三是加快新能源汽车充电基础设施建设和氢燃料电池、热泵及电解水制氢技术的创新发展。

随着大规模、高比例可再生能源的新一代电力系统的构建,再电气化对电力系统灵活可控、智能感知、安全可控等方面提出了更高要求,需要将数字化、智能化等现代信息技术与电力系统深度融合。未来可再生能源不仅要满足电力需求增量,还要满足煤电退出的存量缺口。一方面,风力发电、光伏发电等间歇性电源大规模、高比例并网,对电力系统安全运行、电量消纳提出了挑战。因此,需要加强区域电网互联、提高灵活调节能力,依托特高压输电技术、智能电网技术和电力市场,在全国大范围内优化配置能源资源。另一方面,再电气化促使电动汽车、微电网、分布式能源等交互式能源设施广泛接入，以及综合能源服务等新型需求大量涌现，使电网负荷预测和潮流控制更为复杂，对电力系统的智能互动水平也提出了更高要求。因此，需要推动大数据、云计算、物联网、移动互联网、人工智能、区块链等现代信息技术与电力系统的深度融合，增强源网荷储之间的智能互动，实现更大规模的可再生能源消纳，同时满足更加多样化、个性化、交互式的用能需求。

（二）能源消费侧

终端用能部门极高的电气化率是支撑我国在 2060 年前实现碳中和的必然路径，对三大终端用能部门的脱碳路径分析如下：

就工业部门而言，其用能需要加速向清洁能源转型，进一步提高电气化水平。目前，我国钢铁行业二氧化碳排放量占全国排放总量的 15% 左右，水泥行业二氧化碳排放量占全国排放总量的 13.5% 左右。此外，石化和化工行业也是二氧化碳排放的主要来源之一。针对钢铁行业，电炉钢技术的碳强度远低于高炉生产技术，随着以可再生能源为中心的电力系统的构建和逐步成型，利用电炉钢技术路径可逐步实现钢铁生产的零碳目标。此外，利用电解水制氢，以氢气直接还原铁也能够实现钢铁生产的零碳化，并能够从整体上实现钢铁行业大幅度减排。针对水泥行业，一种可行的脱碳路径是电气化供热并配合 CCS 技术。针对化工行业，一种可行的脱碳路径是利用零碳电力的多元化转换（Power-to-X）生产路径。

就交通部门而言，为了实现碳中和，需要将路面运输（公路和铁路服务）全面电气化，同时长途航空和船运改用零碳燃料（氢气、氨等）。对于路面交通，目前我国高铁已基本实现了全面电气化，普通速度的铁路交通在未来也将逐步实现全面电气化；纯电动汽车将在未来主导中短距离的交通出行，而氢燃料电池汽车则会在长距离货运卡车和重型卡车中占据主要地位。对于航空和海运，直接应用电气化实现碳中和的空间较小，因此其脱碳必须主要依靠零碳新型燃料，如在航空领域，依靠生物航空燃油和合成航空燃油是实现碳中和的主要技术路径；在船运领域，未来需要使用生物燃料和氨对其进行深度脱碳。综上所述，零碳电力、氢能、航空燃油、生物燃料和氨等多种途径将会进一步保障我国碳中和目标的实现。

就建筑部门而言，电气化是其实现碳中和目标的关键。目前，制冷、照明和家用电器均已实现了百分之百的电气化。未来热泵技术在建筑部门的大规模应用和电力烹饪技术的进步将进一步提升建筑部门的电气化水平，加速该部门实现碳中和的进程。与此同时，随着数字化、智能化等新一代信息技术在更大范围内应用于建筑部门，以及智能家居、智能家用电器的普及和应用，建筑部门的电气化水平将会得到迅速提升，从而进一步加速建筑部门的脱碳进程。

综上所述，在碳中和目标的引领下，我国电力系统电源侧需要加速推进清洁能源电气化，实现对化石能源的增量替代和存量替代；用户侧需要广泛深入实施电能替代，实现能源消费的高度电气化。电气化是我国构建安全、绿色、高效、智慧新一代能源系统和实现碳中和目标的必然选择。

二、电力行业尽早实现碳排放达峰，"十四五"是关键

（一）电力行业碳排放空间预算

"双碳"目标对作为第一排放大户的电力行业是一个巨大挑战，电力

行业应力争提前实现碳达峰，才能确保 2030 年前全国碳达峰的实现。要实现全球低于 2℃温控目标，我国 2011—2050 年累积的二氧化碳排放量需控制在 2 800 亿～ 4 000 亿 t。在加速电气化情景下，预计 2021—2050 年电力行业的碳排放空间在 558 亿～ 858 亿 t。情景分析显示，基准情景下，我国电力行业的二氧化碳排放预算为 650 亿 t，电力碳排放在 2025 年达到峰值（45 亿 t），2050 年后实现净零排放；高碳情景下，我国电力行业二氧化碳排放预估为 858 亿 t，电力碳排放在 2027 年前后达到峰值（47.1 亿 t），2055 年后煤电实现净零排放；低碳情景下，我国煤电部门的二氧化碳排放预估为 518 亿 t，煤电行业的碳排放在 2023 年达到峰值（44 亿 t），在 2025 年降为 43.2 亿 t，2045 年后实现净零排放。在全部温室气体中和的目标下，我国电力行业脱碳须满足基准情景的要求。

（二）"十四五"时期电力需求展望

若电力行业在"十四五"末期提早实现碳达峰，首先应确定"十四五"期间的电力需求情况。从人均 GDP 和人均电力消费的变化情况来看，2025 年人均用电量可达 6 500 ～ 6 700 kW·h，结合 2025 年总人口 14.3 亿人的研判，预计全社会用电量为 9.3 ～ 9.6 万亿 kW·h。

（三）碳排放情景下的电力规划情景

在满足电力需求的前提下，考虑到各类电源发展的不确定性、可调动的需求响应规模、系统灵活性及非化石能源发展目标等约束，采用规划模型分情景测算 2025 年全国电源装机规模、发电量及碳排放量。

在政策情景下，"十四五"期间充分挖掘风电、太阳能发展潜力，2025 年风电、太阳能装机容量将分别达到 5.3 亿 kW、6 亿 kW；非煤可控型电源平稳发展，水电、核电、气电、生物质能发电装机容量将分别为 4.4 亿 kW、0.65 亿 kW、1.4 亿 kW、0.4 亿 kW；有序推动 1.1 亿 kW

在建煤电项目建成投产，煤电装机规模为 11.5 亿 kW，另有 5 000 万 kW 退役机组封存备用。该情景下，2025 年煤电发电量为 5 万亿 kW·h，占总发电量的 51.4%，非化石发电量占比为 37%，电力行业碳排放量为 45 亿 t（含集中供热，下同）。

在基准情景下，"十四五"末期风电、太阳能装机容量将分别达到 4.5 亿 kW、5 亿 kW；可控型电源发展同政策情景；有序推进 2.1 亿 kW 在建、停缓建煤电项目建成投产，煤电装机容量达 12.5 亿 kW。该情景下，2025 年煤电发电量为 5.1 万亿 kW·h，在总发电量中的占比为 54%，非化石能源发电量占比为 35%，电力行业碳排放量为 46.3 亿 t。

在低碳情景下，"十四五"期间风电、太阳能发展同政策情景；非煤稳定可控电源快速发展，2025 年水电、核电、气电、生物质能发电装机容量将分别为 4.7 亿 kW、0.7 亿 kW、1.6 亿 kW、0.5 亿 kW；有序推动 6 000 万 kW 在建煤电机组建成投产，2025 年煤电装机为 11 亿 kW。该情景下，2025 年煤电发电量为 4.8 万亿 kW·h，占总发电量的 49.3%，非化石能源发电量占比为 41.2%，电力行业碳排放于 2023 年达峰，2025 年排放量为 43 亿 t。

对比三种规划情景，"十四五"期间应充分挖掘可再生能源和稳定可控电源的发展空间以支撑电力需求，努力实现电力行业碳达峰。综合考虑需求侧和供给侧的不确定性，建议"十四五"期间煤电规模控制在 11.5 亿～12 亿 kW，煤电发电量不超过 5 万亿 kW·h。

三、"十四五"时期加速电力脱碳路径：供给侧改革与市场化协同

"十四五"期间如何正确引导煤电定位、推动煤电转型是推进我国电

力行业转型、构建新型电力系统的关键。确保"十四五"期间煤电装机、发电量和碳排放三达峰，并尽可能降低其峰值水平，是保障我国 2060 年前实现碳中和的关键。

（一）严控煤电装机和发电量

严控煤电规模，顺应"双碳"目标下的清洁高效发展方向，为提升可再生能源消纳创造空间。我国目前各开发阶段（在建、缓建、停建、封存、核准、核准前开发和宣布）煤电项目的容量共计 3.57 亿 kW。如不加以控制，"十四五"期间煤电规模可达到 14 亿 kW，不仅会增加潜在的过剩风险，扩大煤电搁浅资产风险，还会阻碍电力行业达峰。"十四五"期间煤电合理规模应控制在 11.5 亿 kW 以内，发电量不超过 5 万亿 kW·h；为保障电力供应安全，可在此基础上封存 5 000 万 kW 服役期满的合格机组作为战略备用。

（二）优化煤电存量机组

优化煤电存量机组是实现我国煤电清洁高效发展的重要举措。节能减排改造、"上大压小"、淘汰落后机组仍是建立清洁高效煤电体系的关键路径。到 2020 年年底，我国共有 9.5 亿 kW 煤电机组实现了超低排放，占全部煤电机组的 89%。"十四五"期间继续推进剩余具备条件的煤电机组超低排放和节能改造，对于不具备条件的煤电机组适当采取"上大压小"的方式进行替代，进一步降低煤电平均供电煤耗。在保证电力、热力供应安全的前提下，继续淘汰、关停排放和能效不达标的落后煤电机组。引导非供热亚临界煤电机组优先退出，控制煤电规模在 11.5 亿 kW 以内。

（三）提升灵活性，推动煤电区域性功能定位调整

由于我国区域性资源和负荷差异较大，风电、光伏发电资源主要集

中在东北、西北地区，水电资源主要集中在西南地区，而负荷主要集中在华北、华中、华南和华东等地区。针对区域性差异，煤电要从电量型电源向电力电量型电源转变，充分发挥自身基础电源的优势，在保证电力安全的同时，通过提供灵活性服务来提升新能源消纳。

东北、西北、西南等新能源资源丰富的省份，需要通过其他稳定可控的电源组合和大规模、低成本储能技术的商业化应用，解决新能源电力可信容量不足的问题，引导原本充当尖峰负荷的煤电机组有序退出。华北、华南、华中等负荷较高的省份，需要通过大力发展新能源和推进煤电灵活性改造，引导煤电逐步由腰荷资源向尖峰和灵活性资源转变。华中、华东等负荷较大且煤电体量较大的省份，需要通过加强需求侧管理、重视储能、推进煤电灵活性改造等措施，引导煤电逐步由基荷资源向腰荷和灵活性资源转变。煤电增量的重点应放在西部，支撑可再生能源外送。中部省份要加强对本地电力供应结构的优化，明确电源、负荷、储能等不同电力资源的系统功能定位，只有在出现基荷电力不足的情况下，才可适度新建煤电。

面对未来高比例可再生能源并网，提升系统灵活性将成为"十四五"及中长期煤电发展的关键词。在电力市场的竞争环境下，不具备发电成本优势的煤电机组需要通过提供灵活性服务来获得合理收益。引导煤电功能定位调整不仅可以改善煤电的利用效率，化解煤电生存困难的窘境，还可以提升可再生能源消纳水平。

（四）强化碳市场和电力市场耦合，助力煤电退出

由于煤电技术进步和结构优化空间受限，加之可再生能源已部分实现平价上网，行政导向的煤电供给侧改革政策的边际效应趋弱。在电力市场化改革加速推进的背景下，若要进一步有效控制电力行业碳排放，

工作重心应转移到市场机制设计与配套政策完善上。

为实现"双碳"目标，需要强化电力市场与碳市场的耦合。充分发挥现货市场竞价规则的作用，通过碳价传导改变电力市场中的煤电竞争力，从而倒逼低效煤电机组淘汰。当前，电力供需尚未完全市场化，要密切关注全国碳市场运行后因碳成本在电价上无法传导而导致碳定价失效的政策风险。碳市场和电力市场耦合也会提高边际出清机组报价，通过价格信号吸引丰富的需求响应、储能等灵活性资源进入市场，逐步降低系统发电的碳足迹。接下来，需要进一步完善省际间的电力交易机制，打破僵化的利益分配格局，做大跨区输电的"盘子"，实现在更大范围内的资源调配与电力互济。

［原文刊于《电力决策与舆情参考》2020 年第 42、43 期（合刊），

此处作者有修改）］

第三篇

创新实践

碳达峰与碳中和：绿色发展的必由之路

中国工程院院士、中国科学院大连化学物理研究所所长　刘中民

2020年9月22日，国家主席习近平在第七十五届联合国大会一般性辩论上宣布："中国将提高国家自主贡献力度，采取更加有力的政策和措施，二氧化碳排放力争于2030年前达到峰值，努力争取2060年前实现碳中和。"中国碳达峰、碳中和目标的提出，在国内外引发关注。

前不久，全国碳排放权交易市场正式启动上线交易，成为全球规模最大的碳市场。建设全国碳市场是利用市场机制控制和减少温室气体排放、推进绿色低碳发展的一项重大创新，有助于推动实现"双碳"目标。

一、全球范围内能源及产业发展的低碳化趋势已经形成

什么是碳达峰和碳中和？通俗地讲，碳达峰指二氧化碳排放量在某一年达到了最大值，之后进入下降阶段；碳中和则指一段时间内，特定组织或整个社会活动产生的二氧化碳，通过植树造林、海洋吸收、工程封存等自然、人为手段被吸收和抵消掉，实现人类活动二氧化碳相对零排放。

国际社会普遍认为，二氧化碳过度排放是引起气候变化的主要因素。

人类活动排放的二氧化碳等温室气体导致全球变暖，加剧了气候系统的不稳定性，导致一些地区干旱、台风、高温热浪、寒潮、沙尘暴等极端天气频繁发生、强度增大。碳排放与能源种类及其加工利用方式密切相关。目前，全球范围内能源及产业发展的低碳化大趋势已经形成，各国纷纷出台碳中和时间表。

近年来，我国的减排成效显著，2019 年碳排放强度比 2005 年下降48.4%。我国主动提出"双碳"目标将使碳减排迎来历史性转折，这也是促进我国能源及相关工业升级、实现国家经济长期健康可持续发展的必然选择。实现"双碳"目标不是要完全禁止二氧化碳排放，而是在降低二氧化碳排放的同时，促进二氧化碳吸收，用吸收抵消排放，促使能源结构逐步由高碳向低碳甚至无碳转变。实现"双碳"目标是一场广泛而深刻的系统性变革，而能源革命将是这场系统性变革的重中之重。

二、建立以可再生能源为主导、多能互补的能源体系

就我国而言，当前碳排放主要来源于化石能源的利用过程。《中华人民共和国气候变化第二次两年更新报告》显示，能源活动是我国温室气体的主要排放源，约占我国全部二氧化碳排放的 86.8%。能源活动中，化石能源又占重要地位。

能不能不用或少用化石能源来解决碳排放问题？人们将目光投向可再生能源。太阳能、风能、水能、地热能等可再生能源，其利用过程不排放二氧化碳，对环境更为友好。近年来，我国积极布局可再生能源产业。相关数据显示，"十三五"期间，我国水电、风电、光伏、在建核电装机规模等多项指标保持世界第一；截至 2020 年年底，我国清洁能源发

电装机规模增至 10.83 亿 kW，占总装机的比重接近 50%。

虽然发展可再生能源取得了一定成绩，但要替代化石能源，成为我国能源消费结构的主体还需要时间。目前，可再生能源存在能量密度低、时空分布不均衡、不稳定、成本较高等特点，成为其规模化应用的"瓶颈"。未来一段时间内，化石能源仍将在我国能源结构中发挥重要作用。化石能源的清洁高效利用、可再生能源的大规模利用是实现"双碳"目标的必经之路。

煤炭、石油、天然气、可再生能源与核能是我国现阶段使用最多的五大能源。在"双碳"目标指引下的能源革命，意味着要将传统的以化石能源为主的能源体系转变为以可再生能源为主导、多能互补的能源体系，进而促进我国能源及相关工业升级。

破除能源之间的壁垒，促进多能互补、取长补短，提高能源整体利用率，这是能源变革势在必行之举。以石油和煤炭为例，我国石油资源短缺，且存在基础石化产品不足、制约下游精细化工行业发展的问题；而我国煤炭资源约占化石资源总量的 95%，如果能以其为原料制取清洁燃料及基础化学品，将成为缓解石油供应压力、弥补石油化工缺陷的补充途径。

三、以技术创新引领低碳发展新格局

第一，发展大规模储能技术，提高可再生能源占比和利用效率。大规模储能是可再生能源充分开发利用的必要技术支撑，能够有效解决电网运行安全、电力电量平衡、可再生能源消纳等方面的问题。以储能"新秀"全钒液流电池为例，其利用不同价态钒离子之间的可逆相互转化完成充电、放电、再充电的循环过程，即可实现化学能和电能之间的"定制"转化，如同电力"银行"，潜力巨大。只有在大规模储能技术方面取得关键性突破，才能为可再生能源的大规模储用铺平道路。

第二，发展多能融合、规模应用的关键技术。仍然以现代煤化工与石油化工产业为例，通过煤化工生产烯烃、芳烃等大宗化学品，形成对石油化工的有效补充。

第三，发展化石能源清洁高效利用技术。一方面，类似钢铁、水泥、化工等排碳大户，其碳排放主要与工业生产工艺相关，因此必须突破工业流程再造的关键"瓶颈"及核心技术，方可实现这些行业的碳减排；另一方面，通过技术攻关，将化石能源中宝贵的碳基分子转变为化学品和新材料，寻求化石能源高值、高效、清洁转化的新路线。

我国已积极进行相关领域关键技术的研发与攻关部署。例如，科学技术部依托国家重点研发计划，在煤炭清洁高效利用和新型节能技术、可再生能源与氢能技术、储能与智能电网技术等方面部署了一系列碳中和相关研究，并将启动"碳中和关键技术研究与示范"重点专项。中国科学院已经完成"应对气候变化的碳收支认证及相关问题""低阶煤清洁高效梯级利用关键技术与示范"等项目，并成立洁净能源创新研究院，启动"变革性洁净能源关键技术与示范"先导专项，进一步推进多能融合关键技术示范与应用。在这些部署的统筹牵引下，我国已经实现了一些对"双碳"目标共性支撑技术的创新，为各领域减排提供了持续的支持，如氢能及储能技术、先进安全核能技术、CCUS技术等。2020年10月，千吨级"液态阳光"合成示范项目成功运行，该项目利用太阳能等可再生能源发电、电解水生产"绿色"氢能，并将二氧化碳加氢转化为"绿色"甲醇等液体燃料。凡此种种，均是我国实现"双碳"目标的有益技术探索。

我国能源应用场景复杂，可选取典型区域根据其地域特征有针对性地推进跨领域集成示范，探索以技术创新引领能源革命的路径与模式，以点带面形成低碳发展新格局。

"双碳"目标的实现是一个循序渐进的过程，也是一项涉及全社会的系统性工程。积极推动技术创新，充分调动科技、产业、金融等要素，通过全社会的齐心协力，我们一定能够推动能源变革、实现"双碳"目标，将绿色发展之路走得更远更好。

（原文刊于《人民日报》2021 年 8 月 13 日第 20 版）

碳中和目标下对全国碳市场的几点思考

中国人民大学环境学院党委副书记兼副院长、教授，中国人民大学
国家发展与战略研究院研究员　庞军

2020年9月22日，国家主席习近平在第七十五届联合国大会一般性辩论上的讲话中表示，"中国将提高国家自主贡献力度，采取更加有力的政策和措施，二氧化碳排放力争于2030年前达到峰值，努力争取2060年前实现碳中和。"同时，全国碳市场第一个履约周期于2021年1月1日正式启动，《碳排放权交易管理办法（试行）》也已由生态环境部审议通过并自2021年2月1日起施行，首批发电行业2 225家重点排放单位将被纳入全国碳市场并开展碳排放权交易，这标志着全国碳市场的建设和发展进入了新的阶段。

碳排放权交易被认为是利用市场机制控制碳排放总量的有效政策工具，此前在全国7个省市开展的碳交易试点工作已经为我国建立全国碳市场积累了宝贵经验，未来全国碳市场将在我国实现国家自主贡献目标的过程中发挥重要作用。同时，碳中和目标的提出意味着我国经济增长方式将加快向绿色低碳转型，可再生能源及低碳、零碳和负碳技术将迎来前所未有的发展机遇。然而，碳中和目标的提出也预示着全国碳市场将承载更高的碳减排使命，未来全国碳市场不仅需要满足2030年碳达峰

目标的要求，还要为实现 2060 年碳中和目标作出贡献，这对全国碳市场的机制设计及有效运行提出了更高要求。在此背景下，本文从以下三个方面提出了碳中和目标下对全国碳市场的几点思考。

一、全国碳市场机制设计

碳排放权交易作为一种基于市场机制的碳减排手段，能够实现温室气体排放权的有效配置，达到控制全社会碳排放总量和降低全社会减排成本的目的。然而，碳排放权交易能在多大程度上发挥作用与全国碳市场机制设计有着密切的关系，其中碳排放配额总量大小、初始碳排放配额的分配方式和行业覆盖范围对碳交易价格及市场规模、减排成本及减排效果都有着重要影响。

碳排放配额总量是指碳市场中可供交易的碳排放配额量，其值越大代表碳市场总量设定越宽松、碳价越低、减排成本越小，但减排效果越弱；反之，其值越小，则表明碳市场总量设定越严格、碳价越高、减排成本越大，但减排效果越强。初始碳排放配额分配方式通常有三种：基于历史排放免费分配的"祖父法则"、基于碳排放强度基准免费分配的"标杆法则"和有偿拍卖。"我国碳排放权交易的经济影响"课题组研究显示：在完全竞争市场假设下，面对同样的碳配额总量，"标杆法则"相比"祖父法则"将显著扩大碳市场规模，增加碳配额供给和需求，提升市场交易的活跃度，形成更低的碳交易价格；"祖父法则"有利于碳排放密集型企业降低减排成本，"标杆法则"会使碳排放强度较低的企业在碳市场中处于更有利的地位，有偿拍卖有助于发现碳交易价格，同时增加政府收入。当前，全国碳市场将首先在电力行业开始运行，未来有望进一步扩展到石化、化工、建材、钢铁、有色、造纸、航空等碳排放重点行业。研究显示，扩大碳市场的行业覆盖范围有利于扩大碳市场规模、降低碳价并减少全社会碳减排成本。

《碳排放权交易管理办法（试行）》规定，由生态环境部根据国家温室气体排放控制要求，综合考虑经济增长、产业结构调整、能源结构优化、大气污染物排放协同控制等因素，制定碳排放配额总量的确定与分配方案。首先，在碳排放配额总量的确定方面，此前各碳交易试点地区在确定本地区碳配额总量时往往更为关注碳减排的经济代价及企业承受能力，在设定碳配额总量时相对比较保守；在碳中和目标下，未来我国碳减排力度将进一步增强，全国碳市场的碳配额总量确定应坚持"适度从紧"的原则，并与国家碳达峰行动方案相配合，以此倒逼全社会的结构调整及节能减排。其次，在初始碳排放配额的分配方式方面，全国碳市场从"奖优罚劣"推动企业节能减排、扩大市场规模及促进交易活跃的角度出发，应优先选择基于碳排放强度基准免费分配的"标杆法则"，同时考虑适度增加有偿拍卖在初始碳排放配额分配中的比例，并将拍卖收入用于鼓励企业节能减排及促进可再生能源的发展。最后，碳达峰及碳中和目标提出后，各个碳排放重点行业如钢铁、化工等都已积极行动起来，开始制定行业碳达峰行动方案，并着手加入全国碳市场交易体系，全国碳市场也应加快扩容步伐，在条件具备的前提下尽早纳入更多碳排放重点行业。

二、省际碳公平问题及全国碳市场的省际分配效应

由于省际贸易的存在，我国各省在生产者责任视角下（碳排放量计

入生产者）和消费者责任视角下（碳排放量计入消费者）的碳排放量存在差异。"我国自主碳减排承诺的实现机制及其省级分配效应研究"课题组的研究显示，我国在生产者责任视角下，碳排放量较高的省份均为化石能源生产较为集中或自身产业结构偏向重化工业的省份，而在消费者责任视角下，碳排放量较高的省份多为经济发达省份；省际贸易中隐含的碳排放转移对各省碳排放量产生了重要影响，其中，隐含碳净转入省份多位于西部或属于欠发达省份，且为能源产业较为密集或者重化工业所占比例较高的省份，其在省际贸易中为外省承接了部分碳排放，而隐含碳净转出省份多为经济比较发达且产业结构中以高附加值产业为主的省份，通过省际贸易将部分碳排放转移到了外省；在省际贸易中，我国部分发达省份不仅让外省承担了部分碳排放，而且获得了来自外省的GDP净输入，在碳排放空间分配及经济效益上均处于绝对优势地位，而部分位于西部地区的省份则处于绝对劣势地位，更多省份的情况则是处于两者之间，在省际贸易中或者对外省净转出碳排放但付出了经济代价，或者获得了经济利益但却为外省承接了部分碳排放。总体来看，我国存在省际碳排放空间分配不公平的现象，即省际碳公平问题，且生产者责任视角下我国省际碳排放空间分配的不公平性相比消费者责任视角有所增强。

与此同时，由于各省在经济发展水平、产业结构和能源结构等方面存在差异，且全国碳市场的运行将导致资本和劳动等生产要素在省际之间流动，因此不同省份在全国碳市场中所交易的配额量、所处交易地位（卖方或买方）及受到的经济影响会存在较大差异，即省际分配效应。本课题组的研究显示，由于省际分配效应的存在，全国碳市场将对各省竞争力产生不同影响，一些省份因产业结构偏向重化工业或者能源结构过度依赖化石能源而导致其在全国碳市场中面临较高的减排成本，而另一些省份则凭借其在产业结构或能源结构方面的优势可在全国碳市场中获得可观的经济收益，并且这种影响会随着全国碳市场机制设计的不同而发生变化。

为了顺利实现碳达峰及碳中和目标，未来全国碳市场的设计及运行需要考虑省际碳公平问题及省际分配效应。一方面，在各省碳排放配额总量的确定过程中，应充分考虑我国存在的省际碳公平问题，综合分析各省在生产者责任视角下和消费者责任视角下的碳排放量，对西部欠发达省份以及能源产业或重化工业较为密集的省份给予适度倾斜，以确保其必要的发展空间，实现各省碳排放配额总量的合理分配。另一方面，由于省际分配效应的存在，全国碳市场运行可能导致化石能源生产大省或重化工业占比大省面临较高的碳减排成本，从而对其经济增长、财政收入、就业及居民生活等方面带来较大的负面影响，国家可以通过适度的碳排放配额拍卖收入对这些省份予以转移支付，支持其节能减排及结构调整，缓解省际分配效应带来的地区之间不公平性加剧的问题。

三、适时引入碳税作为全国碳市场的有益补充

碳税作为另外一种基于市场机制的碳减排手段，已在全球多个国家得以实施，并经实践检验后被认为是控制温室气体排放的有效政策工具。迄今为止，我国选择将碳交易作为实现碳减排目标的重要手段，尚未将碳税政策纳入国家碳减排措施。然而，碳交易和碳税二者各有特点，一般来说，碳交易比较适合排放点集中且易于监管的企业，但如果要将众多排放量较小或者不易监管的企业纳入全国碳市场则存在一定困难，而

碳税相对灵活的特点正好可以弥补碳交易这一不足，适宜作为全国碳市场的有益补充。

"我国碳排放权交易的经济影响"课题组的研究显示，在仅有部分重点行业被纳入全国碳市场的情况下存在碳泄漏现象，即部分未参与碳交易的行业碳排放量相比碳交易实施之前将有所增加，这将在一定程度上削弱全国碳市场的减排作用，而对这些未被纳入碳交易的行业征收碳税可以有效避免碳泄漏现象。另外，在达到同样减排目标的情景下，对未参与碳交易的行业征收碳税，除了可以增加政府收入之外，还可以在一定程度上降低碳交易价格，从而降低碳市场覆盖行业的碳减排成本。

在碳达峰及碳中和目标下，可以预见我国将采取多种措施大幅降低国内温室气体排放量，并大力促进可再生能源及低碳、零碳和负碳技术的发展。考虑到全国碳市场运行可能存在的碳泄漏现象，为形成所有行业企业共同减排的良好局面，我国应适时引入碳税以规范碳市场未覆盖的行业企业的碳排放行为，并可以利用碳税收入支持我国可再生能源及低碳、零碳和负碳技术的发展。我国从 2018 年开始征收环境保护税，限于当时形势未将碳税列入其中，在当前全社会积极实施碳达峰及碳中和目标任务的背景下，在现有环境保护税中增设碳税税目，对全国碳市场未覆盖行业企业适时开征碳税具有可行性。

（原文刊于《可持续发展经济导刊》2021 年第 3 期）

如何从 100 亿吨碳排放实现碳中和？
中国碳市场需要九个转向

北京绿色交易所总经理、北京绿色金融协会秘书长　梅德文

北京绿色金融协会秘书长助理　李建涛

北京绿色交易所研究部高级经理　金子盛

一、中国面临发展和减碳的"两难"

从国际比较来看，美国、日本的能源活动温室气体排放峰值和温室气体排放峰值均出现在人均 GDP 超过 3.5 万美元之后，其中，美国 2007 年人均 GDP 为 4.35 万美元，日本 2007 年人均 GDP 为 3.72 万美元，英国、德国、法国在温室气体排放峰值年份相对应的人均 GDP 分别为 2.55 万美元、2.79 万美元、2.81 万美元。我国的人均 GDP 在 2020 年刚超过 1 万美元，按 GDP 年均增长 5% ～ 6% 推算，到 2030 年实现碳达峰目标时，我国的人均 GDP 可能刚刚达到 2 万美元，距离发达国家碳达峰时的人均 GDP 水平还有较大差距，意味着我国在实现减碳重任的同时还面临发展重任。作为发展中国家，我国计划在 2030 年碳达峰后只经过 30 年左右的时间就实现碳中和，任务非常艰巨。气候变化问题具有长期性、结构性、全局性的特点，我国要按期实现碳达峰、碳

中和目标，不仅时间紧迫，而且任务繁重。正如习近平总书记所言：中国将力争于 2030 年前实现二氧化碳排放达到峰值，2060 年前实现碳中和，这意味着中国作为世界上最大的发展中国家，将完成全球最高碳排放强度降幅，用全球历史上最短的时间实现从碳达峰到碳中和，这无疑将是一场硬仗。

二、"能源＋产业＋绿色金融"的碳中和体系是破解发展和减碳"两难"的创举

美国著名学者杰里米·里夫金认为，目前是以风光等新能源、信息技术、生物技术并发为代表的第三次工业革命。回顾历史，每一次全球工业革命都会开启一轮技术长周期带动的经济增长，持续 60～100 年。前两次工业革命都形成了能源、产业和金融协同发展的经济体系：第一次工业革命时，英国形成了"煤＋火车＋银行"体系，成为"日不落帝国"；第二次工业革命时，美国形成了"石油＋汽车＋资本市场"的体系，成为"超级大国"；第三次工业革命可能将形成"风光新能源＋电动车＋碳市场"的体系，各国都在争夺这一体系的主导权。

在能源供给环节，我国目前已经拥有世界上最大的风光新能源生产体系，2020 年，风电、光伏新能源装机总量分别是 2.81 亿 kW、2.53 亿 kW，合计为 5.34 亿 kW，风光装机总量 2030 年要达到 12 亿 kW。我国光伏产业具备全产业链的竞争优势，包括上游硅片、中游电池板与下游发电站，都有巨大的优势，隆基股份 2020 年的市值已经超过神华公司。在能源传输侧，中国"长距离、大容量、低损耗"的特高压电网技术已经成熟，在世界居于领先地位。

在能源消费侧，我国新能源汽车与储能产业发展迅速，新能源汽车产销量连续 6 年稳居世界第一，累计销售达 550 万辆。据国务院发展研究中心原副主任刘世锦分析，美国、欧盟、日本等在碳达峰时每千人汽车保有量分别是 845 辆、423 辆、575 辆，而我国目前仅有 173 辆，还有很大的新能源汽车发展空间。在电池方面，我国锂离子电池产量居世界第一，宁德时代稳居世界首位，根据莱特定律，随着电动车销量的增加，电池价格会进一步下降，从而带动储能成本下降和新能源的继续增加。

而在碳市场领域，我国是世界上最大的碳市场，即将开启的全国电力碳交易市场年配额近 40 亿 t，规模将超过欧盟，居世界首位。

在本次工业革命中，我国已经具备了成本优势、市场优势、技术优势与政策优势，而发达国家必须达到峰值后再替换，有沉没成本与重置成本，我们提早转型，成本低。

三、碳市场的现有定价机制是实现碳中和体系的有效经济手段

碳市场制度是解决碳排放外部性的有效经济手段，可以实现总量控制目标下减排成本的最小化，同时有利于经济高质量增长。借助市场的力量推动碳达峰、碳中和，碳市场是一个选项，一方面，通过碳市场的激励机制，鼓励新能源产业或非化石能源产业的发展，解决减排的正外部性问题；另一方面，通过碳市场的约束机制，抑制化石能源产业，解决碳排放的负外部性问题。

实现碳达峰和碳中和的目标，必然需要大量投资，无论是电力、交通等行业的碳减排，还是发展新科技，都需要新的投资。中国人民银

行原行长周小川提出，"吸引这么多的投资，需要一个有效的碳价格信号。"碳市场的目的是通过资源配置、风险管理、价格发现引导稀缺资源获得更好的配置，如果碳交易无法形成公平、合理、有效的价格，碳市场的功能就会大大减弱。

（一）一条更加陡峭的库兹涅茨曲线

环境污染和经济发展之间的相关性，即环境经济学中的"库兹涅茨曲线"，是达到碳达峰、实现碳排放曲线拐点的统计学规律，这一规律是建立在化石能源技术前提下的排放路径，我国的实际排放由于能源技术的变革，会超越碳排放库兹涅茨曲线所描述的这一路径。

我国的碳排放路径是由我国特有的供给结构、需求结构、要素结构决定的，只有能源技术的变革突破现有的能源供给结构制约，才可以打破宏观经济"发展、结构和物价稳定"的不可能三角。目前我国的光伏和陆上风电技术已经可以实现与化石能源电力的平价，这是破解发展和减排"两难"的法宝。由于新能源技术的快速进步，我国会加速实现碳达峰和碳中和，也就是说，我国的碳排放库兹涅茨曲线会更陡峭。对比发达国家的碳排放库兹涅茨曲线，我国在人均 GDP 约 2 万美元的水平实现碳达峰是可能的。

（二）碳价等于排放的综合社会成本，需要全社会参与碳定价以发现真实价格

我国要形成更加有效、流动、稳定且具备广度、深度与弹性的碳市场需要三个条件，简单总结为三个关键词。一是立法，代表了全社会的意志。通过严格的立法确定减排总量和配额分配方法，建立严格的配套政策体系，是发现真实碳价的第一步。二是量化和披露。严谨量化和披露是实现社会成本的保障，也是开展透明和包容监管的前提。对各个行

业的排放数据进行核查，运用现代物流网和区块链技术实现更加低成本的核算量化，建立更加科学透明的数据支撑体系。三是定价。需要吸纳更加多元化、规模化的参与主体，多元化的市场主体是指数量足够多的具有不同风险偏好、不同预期、不同信息来源的市场主体，只有主体多元化，才能形成公允的均衡价格。同时，要推出更加市场化与金融化的产品，还有更加透明化和包容性的监管，以促进严肃定价。

四、实现碳中和，中国碳市场需要九个转向

比较中外碳市场，分析我国碳试点七年的历史和经验，减排总量、配额分配方式、核查机制、交易产品属性、交易规则等是影响我国碳试点发展的核心要素。

那么，我国要从 100 亿 t 的碳排放实现碳中和，需要一个有效性、流动性、稳定性，具备广度、深度和弹性，能够反映边际减排成本和外部性成本，或者说综合社会成本的碳市场。为此，需要有"严格的立法、严谨的量化、严肃的定价"，而这些功能的实现可能需要我国碳市场的九个转向。

一是减排总量控制。从目前比较软约束的减排转向更强力度的硬约束减排，或者说总量减排。

二是碳核算核查方法。从碳排放因子法、质量平衡法转向适时增加以 CEMS 在线监测为代表的直接测量法，以达到可比性强、准确性高、实用度高的目的。预计我国碳市场 2025 年将建成碳监测评估体系，届时监测网络范围和监测要素基本覆盖，碳源汇评估技术方法基本成熟。

三是市场主体。从控排企业为主体转向控排企业、非控排企业、金融机构、中介机构、个人并重的多元化的市场主体，具体是指需要有数量足够多且具有不同风险偏好、不同预期、不同信息来源的市场主体，只有主体多元化，才能形成公允合理并能够反应边际减排成本与外部性成本或者综合社会成本的碳价格。

四是产品。从以现货为主转向现货、期货、衍生品并重，因为碳市场需要满足信用转换、期限转换、流动性转换等市场基本功能，这就意味着碳市场能够提供足够丰富的多层次产品，不仅包括碳排放权的现货交易，而且包括更多的其他衍生品交易，提供期权、掉期、远期、期货以及其他与金融产品密切相关的一系列服务，如抵质押、资产证券化、担保、再融资等，帮助履约企业和投资者实现跨期贴现、套期保值、合理套利与风险管理。

五是配额分配方式。从基本上免费分配转向"免费 + 有偿"分配。

六是重点控排行业。从八大行业转向达到一定排放标准的排放设施。

七是金融机构。从代理开户结算中间服务转向交易做市商等主动管理行为。

八是中介服务机构。从提供咨询、监测等服务转向更加专业化的碳中和服务等主动行为。

九是市场格局。从一个行业到八个行业，从区域到全国，从以国内为主到对接国际市场，最终走向国际。

2021 年 4 月 15 日，中国人民银行行长易纲在中国人民银行与国际货币基金组织联合召开的"绿色金融和气候政策"高级别研讨会上，提出要充分发挥碳市场的价格发现作用。我国有世界最大规模的绿色信贷市场和最大规模的碳市场，如果进一步做大做强绿色金融与碳市场，我国就可以用最低成本、最高效率实现碳达峰与碳中和，抓住这一次千载难逢的重大机遇，实现中华民族的伟大复兴，为全球应对气候变化与构建人类命运共同体作出重要贡献。

（原文刊于《北大金融评论》2021年第8期，此处作者有修改）

碳中和的科学内涵、建设路径与政策措施

国家应对气候变化战略研究和国际合作中心副研究员　刘长松

气候变化是当今世界面临的最严峻的非传统安全问题，严重威胁人类社会的生存和发展，当前的国际减排承诺与实现《巴黎协定》提出的长期目标存在较大差距。2018 年，IPCC 发布《全球升温 1.5℃特别报告》。该报告指出，各国自主贡献与减排承诺严重不足，预计 2100 年全球温度将上升 2.9 ～ 3.4℃，将给人类社会造成破坏性打击，将温度上升幅度控制在 1.5℃以内需要在国家、城市、行业和家庭等各个层面快速推进行为转变、技术升级和系统性变革。

联合国环境规划署发布的《2020 年排放差距报告》指出，2010 年以来，全球温室气体排放量平均每年增长 1.4%，2019 年全球温室气体排放（包括土地利用变化所导致的排放）总量达到 591 亿 t CO_2e，创下历史新高，预计到 21 世纪末，全球气温将上升 3℃以上，亟待各国强化气候保护行动。

从国内来看，2020 年中央经济工作会议明确提出，2021 年要做好碳达峰、碳中和工作，力争 2030 年前达到二氧化碳排放峰值，力争 2060 年前实现碳中和。为落实《巴黎协定》的相关要求及中央经济工作会议精神，需加快研究制定我国碳中和战略与实施路线图。

一、碳中和的科学内涵及影响因素

碳中和（carbon neutrality）最早是一个商业策划概念，由英国未来森林公司（Future Forests）在 1997 年提出，主要从能源技术角度关注在交通旅游、家庭生活和个人行为等领域实现碳中和的路径，通过购买经认证的碳信用来抵消碳排放（carbon offset）。英国标准协会（BSI）在产品层面将碳中和进一步定义为标的物产品（或服务）全生命周期内并未导致排放到大气中的温室气体产生净增量。

一般来说，碳中和属自愿行为，个人和企业认识到气候变化的危害，出于道德考量，为了树立公众形象而采取碳补偿和碳抵消行动，计算直接或间接造成的碳排放量以及抵消所需的经济成本，出资植树造林，或通过购买一定的碳信用（carbon credit）等碳交易方式来抵消生产和消费过程中产生的碳排放。

在宏观层面，碳中和强调经济结构与能源结构转型，加快低碳与零碳技术创新应用，注重节能与提高能效，加快可再生能源应用，扩大森林与碳汇建设，推动实现地球温室气体排放量与吸收量的平衡。

心理学的经典理论——计划行为理论（Theory of Planned Behavior，TPB）强调，行为态度、主观规范和感知行为控制是人们采取行动的三个主要影响因素。

国内外微观调查结果显示，消费者个体对气候与环境问题的认知程度、参与环境保护行为的激励机制及环保行为的人际影响也是引发碳中和行为的主要因素。碳中和支付意愿与行为态度、学历、环保意识及对气候变化的感知程度、人口统计特征密切相关，年轻人和受过教育者的支付意愿更高。个体的道德义务与气候责任意识是支付意愿的主要驱动因素，行为态度、社会规范、个人规范和行为控制也会对碳中和支付意愿产生影响。

总体来看，对碳中和的研究有宏观与微观两种视角。自上而下的宏观研究视角偏重总量目标与能源部门的研究，从节能、提高能效、发展可再生能源、增加森林碳汇等方面来设计实现碳中和的路径，对总体目标的具体落实措施及微观主体的落实机制等方面研究不足。自下而上的微观研究视角主要探讨企业或个体的碳中和路径与措施，优势在于可以促进排放主体开展行动，但是对碳中和行动的整体环境效果缺乏分析与评估。目前，两者有割裂发展的趋势，突出表现为宏观研究缺乏微观基础，微观研究缺乏宏观视野。

二、国外不同层面的碳中和建设路径

自 2016 年《巴黎协定》生效以来，《全球升温 1.5℃特别报告》与联合国环境规划署《2020 年排放差距报告》等科学评估报告相继发布，为世界各国的碳中和建设注入强大的推动力。

目前，碳中和行动涵盖了国家和城市、企业和组织、家庭和个人等各个层面。发达国家的碳中和建设起步较早，欧盟、德国、丹麦等国已形成了相对完善的碳中和政策框架。加拿大不列颠哥伦比亚省积极开展碳中和建设，制定了《温室气体减排目标法案》《城市碳中和指南》等，成为北美首个作出具有法律约束力的碳中和承诺的地区。

（一）国家层面：制定碳中和建设方略

2007 年，哥斯达黎加提出到 2021 年建设成为全球第一个碳中和国家。为实现该目标，哥斯达黎加政府采取了一系列政策措施，如成立碳排放交易管理委员会，加大风力、水力、地热等低碳能源的开发和利用，将征收的燃油税用于环境保护和森林保护补偿等；在农业领域，积极推广碳中和咖啡园种植模式，有效减少因农药化肥使用而产生的碳排放；在旅游业等支柱产业中，将实现碳中和作为行业发展的重要目标。

2008年，联合国副秘书长兼环境规划署执行主任阿奇姆·施泰纳明确提出碳中和国家概念，挪威、冰岛、新西兰、葡萄牙、马尔代夫和梵蒂冈等国积极响应，制定了碳中和国家建设的战略目标及行动计划。为落实《巴黎协定》提出的到21世纪后半叶实现净零排放的远期目标，越来越多的国家（地区）制定了低排放发展战略。据不完全统计，目前已有30个国家（地区）在发展战略中提出了碳中和愿景目标。

欧盟制定了明确的碳中和建设方略——《欧洲绿色协议》，被称为绿色新政。欧盟是全球气候治理的领导者之一，在碳中和领域也处于引领地位。2019年12月，欧盟委员会发布绿色新政，提出2050年前实现碳中和的目标。绿色新政是一项应对气候变化的经济社会发展长期战略及投资计划，涵盖了农业、工业、交通、建筑等领域的全面转型，欧盟希望借此更好地应对气候变化，最大限度地降低碳排放，推动实现2050年碳中和目标。

为确保绿色新政得以实施，欧盟制定了一系列配套措施。2020年3月，欧盟委员会公布了《欧洲气候法》草案，将碳中和的政治意愿转化为法律约束；启动"欧盟气候公约"，鼓励公民参与；确立了气候税制度，提高传统能源生产部门和运输企业的纳税额；改革现行税制，取消化石能源补贴。2014—2017年，欧盟每年对煤炭、石油、天然气等化石燃料生产与消费的补贴高达550亿欧元。

由于各国绿色经济发展水平不同，应对气候变化需要设置过渡期，为促进各国经济转型，欧盟投入 1 000 亿欧元建立了公平供给机制，帮助依赖化石能源的国家加快能源结构转型，为相关行业的从业人员提供技能培训，确保他们获得新的就业机会。

欧盟不断完善减排目标与政策体系，为实现 2050 年碳中和目标奠定了重要基础。2011 年，欧盟先后制定《2050 年能源路线图》《2050 年低碳经济转型路线图》《2050 年交通白皮书》等政策文件。

2014 年，欧盟提出到 2030 年碳排放比 1990 年降低 40%，可再生能源占能源消费总量的比重达到 30%，能源效率提升 30%。围绕这些目标，欧盟加快推进排放交易体系（EU-ETS）、电力、交通、建筑等领域的改革。

2017 年，欧盟制定了《强化创新战略》，提出通过提升智能化建设水平来应对气候变化的挑战，推进低碳转型。

2018 年，欧盟对排放交易体系、土地利用、能源与科技政策等作出调整。第一，调整排放交易体系，促进第四阶段（2021—2030 年）工作的推进。进一步提高能源及工业领域碳排放下降目标，2030 年要在 2005 年的基础上下降 43%。第二，调整土地利用政策。欧盟提出将土地利用融入碳交易体系，各国将加强碳交易与土地利用、林业、工业排放等领域的协同，并推动不同领域之间的交易。第三，提出部门层面的低排放发展战略。交通部门是低碳排放战略的重点领域，欧盟通过制定《欧盟能源效率指令》，推动交通领域加强能源节约行为，增加可再生能源投资，提升能效。第四，提出技术创新战略。欧盟出台《哥白尼计划》，监测土地利用、毁林及温室气体排放等活动，积极推动 CCS 技术的商业化利用。

与此同时，欧盟开展积极的气候外交，利用《联合国气候变化框架公约》缔约方会议开展外交活动。2017 年，欧盟发起结成《巴黎协定》战略伙伴关系，呼吁各国落实《巴黎协定》，利用双边、多边外交平台开展气候外交。欧盟借助 G7 峰会、G20 峰会以及各类国际公约、双边条约等平台呼吁各国强化气候行动，推动落实绿色新政。

德国将能源转型作为碳中和国家建设的重要方略。2013 年，德国联邦环境署（UBA）提出德国在 2050 年实现碳中和的目标在技术上完全可行。德国是工业大国，1990—2050 年用 60 年的时间实现了 95% 的温室气体减排目标完全可行，向 100% 可再生能源转型是实现碳中和目标的关键。

根据德国联邦环境署发布的《能源目标 2050：100% 可再生能源电力供应》，德国要实现 2050 年温室气体减排 95% 的目标，需要将人均二氧化碳排放量从 11 t 降至 1 t，到 2050 年德国可实现完全依靠可再生能源发电，可再生能源可满足德国全部的能源供应。

（二）城市层面：开展碳中和城市建设

建设碳中和城市是广义上的碳中和措施，要求城市各项社会经济活动不造成额外的温室气体排放。一方面，通过发展低碳产业、低碳交通、低碳建筑、开发利用可再生能源等途径最大限度地降低城市碳排放；另一方面，通过各种方式抵消温室气体排放，充分发挥城市森林、湿地等生态系统的碳汇功能，吸收温室气体，同时强调通过负责任的投资行为，尽量抵消城市正常运行中无法避免的二氧化碳排放，推动实现城市碳中和。

相对于低碳城市，碳中和城市的建设要求更高、难度更大。据统计，丹麦哥本哈根、挪威阿伦达尔、中国日照、加拿大温哥华、瑞典弗科舍、澳大利亚布里斯班、德国弗赖堡、韩国大田、阿联酋阿布扎比等城市都已提出要开展碳中和城市建设，采取的措施包括植树造林，探索 CCS 技术，大力发展新能源、绿色建筑与交通等。其中，哥本哈根的碳中和城市建设最为著名。

2012 年，丹麦哥本哈根市政府制定《2025 气候行动计划》，提出了世界上首个碳中和城市建设目标。该计划涵盖能源消费、能源生产、交通及市政行动计划等多个领域，充分调动社会各界的积极性，将哥本哈根打造成绿色低碳技术展示平台，创造绿色低碳领域的就业机会，激发经济增长潜力。

能源消费的主要目标（与 2010 年水平相比）包括热能消费减少 20%，企业及服务部门的电力消费减少 20%，居民用电减少 10%。其中，减少能源消费方面，提高建筑能源利用效率是关键。针对建筑行业制定总体战略规划，包括提出更严格的新建建筑能耗标准、改造升级现有建筑、增加建筑改造融资、设计新技术解决方案、实施跨部门的机制整合等。

能源生产的主要目标是到 2025 年，城市区域供暖系统实现碳中和，城市电力、供暖和制冷基本由风电、生物质能和地热能提供。哥本哈根现有的区域供暖网络由燃煤转变为利用生物质能、建设地热能设施。2025 年前，哥本哈根将新建 100 多台风力发电机，届时风电总装机容量将达到 360 MW。

交通领域的主要目标包括哥本哈根市内 75% 的交通出行由步行、自行车及公共交通完成，50% 的工作和学习通勤由自行车完成；与 2009 年水平相比，利用公共交通的人数上升 20%，公共交通系统实现碳中和；20% ~ 30% 的轻型乘用车使用电力、氢气或生物乙醇等新型能源。积极推动自行车道路网络和充电网络基础设施建设，开展新能源车辆的试验和部署，建设新型燃料供应体系，构建便捷安全的一体化交通网络。

市政行动的主要目标体现为，与 2010 年水平相比，市政机构的建筑能耗降低 40%，所有公务用车均使用电能、氢气或生物燃料，在 6 万 m² 的市政建筑屋顶安装太阳能电池板。市政行动计划与其他领域的行动计划存在一定的交叉，将这些内容单独归类充分强调了政府部门在应对气候变化中的示范作用。

（三）行业层面：积极推动碳中和

21 世纪以来，各行各业推动碳中和的积极性日益提高，碳中和已成为体现企业社会责任、提升品牌形象的重要途径。

2007 年，世界旅游组织在瑞士达沃斯举行第二届国际气候变化与旅游会议，呼吁所有参会者采取实际行动实现碳中和，在抵消碳排放方面树立了榜样，促使旅游行业的几乎所有重要会议都引入碳抵消机制，对各国的碳中和会议起到了积极的引领作用。

各行业、各企业均树立了碳中和发展观念，通过技术创新升级、完善组织机构、使用可再生能源、植树造林等方式来实现碳中和。

德国的行业碳中和主要体现在能源、印刷和污水处理中。为实现 2050 年碳中和目标，能源行业推动结构转型，淘汰化石能源。德国提出利用"电转气"技术（即电解水制氢技术）将可再生能源提供的电力转化为可燃气体，使供热和交通系统完全"脱碳化"。德国将关闭第一批燃煤电厂的日期延长到 2022 年，并且不采取强制措施关闭燃煤电厂，而是与电厂进行谈判并达成协议。德国印刷业在全球享有盛名，也采取了一系列碳中和行动，如由专门的气候咨询公司对印刷企业进行碳中和认证，详细考查其生产过程，核算碳排放量，最后对抵消结果进行评估认定。德国污水处理行业将减少碳排放、实现碳中和作为其可持续发展体系的重要一环。布伦瑞克市斯泰因霍夫污水处理厂的实践证明，即使是老旧的处理厂，通过不断改进污水处理技术也可以减少碳排放，最终实现碳中和。

英国的行业碳中和主要涉及能源、旅游和航空业。能源行业的碳中和目标是在 2050 年完全淘汰化石燃料，实现 100% 清洁能源电力供应。英国积极推动旅游业与航空业的碳中和。英国旅游协会召开年会时，要求会议期间所有会员产生的碳排放通过环保组织进行抵消。Key Travel 是英国旅游企业推进碳中和的代表性机构，采取了一系列积极的行动。一是研发软件"碳排放计算器"。通过该软件旅客可以得知自己乘坐航班所产生的碳排放。二是为旅客提供碳中和计划。消费者可以通过公司网站购买碳信用，抵消自己产生的碳排放。三是积极推动碳补偿项目。2005年，针对召开八国集团峰会而产生的碳排放，英国决定以投资碳中和项目作为抵消措施。四是建立碳中和标准体系。2010 年，英国标准协会公布了全球首个碳中和标准——《PAS2060：2010 碳中和评价规范》，提出了碳中和的实践标准与验证方法，为行业碳中和提供了重要依据。

荷兰的行业碳中和主要涉及热力供应和航空业。为实现 2035 年碳中和目标，荷兰一方面推动清洁供热，如格罗宁根市规划建设大型市政地热供热系统，将城市供热能源逐步由天然气转为地热能等清洁能源；另一方面推动航空业碳中和，如荷兰皇家航空公司积极实施碳中和行动计划，通过投资节能降碳项目抵消企业运营产生的碳排放，同时推出零碳（CO_2 ZERO）计划，帮助乘客购买碳中和服务，抵消乘机所排放的二氧化碳。

美国的行业碳中和主要涉及航空、旅游、污水处理与教育等行业。美国的航空公司制定积极的节能降碳目标，采取碳中和行动计划。航空公司在运行管理中充分践行碳中和理念，通过投资碳中和项目，与旅游协会合作，制订碳中和计划等一系列措施，为乘客抵消碳排放提供便利。美联航、美国际可持续旅行社均启动了碳中和项目，为乘客抵消自身产生的碳排放提供绿色服务，有效降低了旅游发展对当地生态环境的不利影响。2002 年，美国希博伊根污水处理厂提出能源零消耗计划，通过各项措施在 2013 年基本实现碳中和目标，由此成为污水处理行业中碳中和的典范。在此基础上，美国水环境研究基金宣布，2030 年美国所有污水处理厂将全部实现碳中和目标。2006 年，美国大学校长气候承诺项目启动，通过构建高校间可持续发展合作网络，加快零碳创新技术的研发与推广。截至 2014 年，已有 50 个州 679 所学院签署了气候承诺协议，累计有 900 多万名学生参加行动，积极推动温室气体减排，开发碳汇项目，参加碳中和实践。

　　分析比较主要国家碳中和的典型案例与建设路径发现，碳中和战略涉及国家、城市、行业、组织、活动和产品等多个层面，不同国家的碳中和战略涉及的行业和部门不同，各国依据自身情况制定碳中和政策框架，详细规划碳中和实现路径。各国的行业碳中和行动一般由行业"领头羊"发起，一旦某行业实施碳中和产生了积极效应，就会引发更多的碳中和行动，更多企业将陆续跟进实施。多数国家的碳中和行动着眼于具体行业，也有国家着眼于城市或区域发展。各国碳中和建设的差别之处在于所覆盖的行业、行动措施与政策框架不同。

　　总之，碳中和建设要因地制宜，通过长期规划和统筹协调提高共生效益，为实现区域与国家层面的碳中和目标作出积极贡献。

（四）个人层面：参与碳中和行动

　　个人是实现碳中和的社会基础和重要动力，消费者在购买旅游服务、乘坐交通工具时，可以通过参与碳补偿计划、植树造林或购买碳信用等方式抵消自己的碳足迹，实现碳中和。

旅游、交通等行业应制定多样化、创新性的激励型碳补偿措施，这将大大吸引个人积极参与碳中和行动。汽车行业通过积极宣传碳中和消费理念、制订碳中和行动计划，可以为消费者践行碳中和提供便利条件。

为激励个人参与碳中和行动，英国的专家学者设计了个人碳交易方案，既可以促使个体消费者认识到自己的碳足迹，又可以为个人履行环境责任提供切实可行的方案。

不少公众人物与影视明星积极参加碳中和行动，为提升社会各界对碳中和理念的接受程度作出了积极贡献。2003年，美国著名电影演员莱昂纳多·迪卡普里奥通过出资植树的方式抵消了他个人排放的二氧化碳，由此成为美国第一位践行碳中和的公民。中国影星周迅也在倡导碳中和方面发挥了表率作用。

（五）碳中和实践中的争议与误区

总体而言，从碳中和的实践进展来看，其争议及误区主要体现在三个方面。

第一，碳中和是强制减排还是自愿减排？自愿减排是经第三方认证实施的减排，即生产者或消费者在自愿基础上确定减排项目；强制减排是各国政府签署国际协议或制定法律法规而形成的具有法律约束力的减排义务。只有自愿减排才能以碳补偿的形式进行碳交易。

第二，实施碳补偿不一定实现碳中和。在全球碳中和的大背景下，更多的企业具有开展碳中和行动的强烈意愿。但是，由于缺少统一的定义、规范与权威的验证方法，部分企业的碳中和承诺受到媒体与社会公众的质疑。碳中和具有严格的规范，任何一个环节不满足规范就不能称为实现碳中和。

第三，碳中和项目需要采取标准化的实施过程。以英国标准协会发布的《PAS2060：2010 碳中和评价规范》为例，碳中和要做到"两声明、一披露、一抵消"。"两声明"是指碳中和承诺声明与碳中和达成声明，"一披露"是指碳足迹披露，"一抵消"是指抵消温室气体排放。碳抵消与碳中和的实施流程及效果需要由独立的第三方进行认证，并满足额外性、永久性、泄露性和重复计算性等原则。

三、中国主要领域的碳中和实践进展

目前，我国积极推动低碳城市与乡村建设，碳中和理念被社会各界日益接受，旅游、会展、交通等行业和企业的碳中和行动日益普及，碳中和产品与服务日益丰富。能源、工业、建筑、交通等重点领域的绿色低碳发展为实现国家碳中和目标奠定了坚实的基础。

为落实国家碳中和目标，中央经济工作会议明确将做好碳达峰、碳中和工作作为 2021 年的重点任务，各地区、各行业迅速跟进，我国碳中和时代已经到来。

（一）碳中和理念与行动日益普及

碳中和是一项新生事物，在各行业龙头企业、公众人物及媒体的带动下，碳中和理念被社会各界逐步接受，社会公众对全球气候变化问题的重视程度不断提高，政府、行业、企业和个人的低碳环保意识逐渐增强，碳中和行动日益增多。

从行业层面来看，旅游行业积极推动碳中和旅游（carbon neutrality tourism）。作为旅游业的核心要素，酒店、旅游企业、景区都在积极开展碳中和行动，针对旅游过程中无法削减或消除的碳排放，通过购买碳信用等方式实现碳中和。

2008年，全新精品酒店——上海URBN hotel开业，这是我国第一家碳中和酒店，客人通过购买碳信用消除其旅程中产生的碳排放。2013年，北京稻香湖景酒店通过英国标准协会的认证，成为中国第一家符合《PAS2060：2010碳中和评价规范》的碳中和酒店。

2008年，在线旅游服务企业携程旅行网与上海知名环保组织"根与芽"合作，建立了首个国内旅游在线碳补偿平台，极大地调动了用户参与碳中和活动的积极性。2009年，上海稻草人旅行社推出碳中和旅游产品，成为国内第一家自愿开展碳中和行动的旅游公司。2010年，深圳东部华侨城与深圳航空公司签订碳补偿框架合作协议，启动国内首个航空与旅游业碳补偿计划。2018年，奇迹旅行在国内推出南极碳中和之旅。

政府也是碳中和旅游的重要倡导者和推动者，以碳中和为主题的创意型旅游和休闲度假场所逐步进入公众视野。2010年，上海世博园首座零碳馆亮相；2012年，北京动物园启动零碳馆项目；2015年，中国绿色碳汇基金会等机构在北京前门西河沿发起建设零碳创意馆，提供碳足迹计算器等互动体验活动，加深了游客对碳中和的认识。

从旅游业碳排放构成来看，碳中和建设的重点有4个方面：①构建绿色交通网络，倡导零碳出行方式，推广使用新能源汽车，提升交通部门电气化水平；②因地制宜推动景区能源结构转型，提高零碳能源使用比例；③加强对游客和旅游从业人员的宣传引导，积极创建碳中和旅游示范区，引导游客改变旅行方式，从源头减少垃圾产生，减少旅游过程中的碳排放；④保护森林生态环境，提升旅游区碳汇能力，通过植树造林扩大森林面积，加强水域及滩涂系统保护，增强生态系统与湿地碳汇能力，防止由人为破坏导致的碳汇变碳源。

从企业层面来看，在行业领军者的带领下，开展碳中和行动的企业日益增多。2009年，济丰包装集团完成国内第一笔基于自愿减排的碳中和交易，此后济丰包装集团一直实施碳中和项目，在行业中大力推广碳中和行动，在国内瓦楞纸包装行业起到了积极的示范作用。

汽车行业中很多负责任的企业通过投资可再生能源和开展植树造林项目等抵消机动车排放，实现碳中和。目前，一汽奥迪、东风汽车等企业相继开展了碳汇林建设项目。碳汇林建设不仅抵消了工厂的碳排放，也改善了当地的生态环境，促进了地方经济发展，有助于提高农民收入水平。

但是，与国际上流程严格、数据精确的碳中和业务相比，国内汽车企业还存在较大差距。2019年，施耐德电气公司宣布开展3项碳中和行动：①将公司实现碳中和的时间由2030年提前至2025年；②到2030年在运营层面实现净零排放；③到2050年实现供应链净零排放。

从会议与赛事活动层面来看，碳中和已成为行业发展的新风向与新要求。2012年，中国绿公司在湖北省武汉市首次举办碳中和年会。

2014年，亚太经合组织（APEC）北京峰会举办了APEC会议史上首次碳中和会议。同年，海南海口观澜湖世界高尔夫明星赛首次融入碳中和元素，邀请第三方公证机构（SGS）核算赛事期间产生的碳排放量，通过捐赠公益项目、购买核证减排量来中和大赛排放的温室气体，由此成为我国第一个举办碳中和赛事的国际高尔夫旅游度假区。

2017年，厦门市举办了碳中和金砖国家峰会。会议与赛事活动聚集了人流、物流与信息流，碳中和项目的成功运行为其他行业推进碳中和提供了示范经验，将促使更多企业参与碳补偿与碳中和行动。

总体来看，目前我国的碳中和实践与探索尚处于起步阶段，社会各界对碳中和的认识与了解还不够，国家政策层面也未对碳中和提出明确要求，导致重点行业的碳中和动力、需求与可持续性不足。

（二）重点领域的绿色低碳发展实践

尽管我国重点行业领域尚未明确提出碳中和行动方案，但持续推进的绿色低碳发展实践为国家碳中和目标的实现奠定了坚实的基础。

能源行业作为最大的碳排放部门，积极推动能源革命，促进能源结构转型，减少化石能源使用，同时大幅增加清洁低碳能源消费占比，这是我国实现碳中和的重要路径。一方面，大幅削减化石能源消费，尤其要控制煤炭消费量。截至 2019 年，煤电装机占全国电力总装机容量的比例为 51.95%，与 2015 年相比下降了 7.05%。我国能源供应体系正在从以煤为主向多元化转变，可再生能源逐步成为新增电源装机主体。另一方面，大幅提高非化石能源消费占比，积极推动风电、光伏发电等成为新增能源供应主体，最终在我国能源供应体系中占据主导地位。我国可再生能源发电占比不断提高，2016—2019 年可再生能源发电量年均增长约 10%，占全国总发电量的比例由 25.7% 提升至 27.9%。2019 年，我国非化石能源占一次能源消费的比重达到 15.3%，提前完成"十三五"规划提出的目标任务。"十三五"期间，我国可再生能源装机规模年均增长约 12%，水电、风电、光伏发电装机容量均居世界首位。随着技术的进步与成本的持续下降，过去 10 年，我国陆上风电的度电成本下降 40%，新增陆上风电自 2021 年起全面实现平价。2018 年，光伏发电的度电成本相比 2010 年降低 77%，已基本接近国内火电的平均发电成本，风电、光伏发电平价上网的时代已经到来。

"十三五"以来，我国各地区加快构建绿色制造体系，创建绿色工厂、绿色园区、绿色供应链示范企业，电子、纺织、钢铁、化工等行业大力推动绿色低碳共性技术的研发应用，工业领域绿色低碳发展取得积极成效。2016—2019 年，规模以上企业单位工业增加值能耗累计下降超过 15%，节约的能源相当于 4.8 亿 tce，同期，单位工业增加值二氧化碳排放量累计下降 18%，实现了经济效益和环境效益的双赢。

此外，绿色交通加速发展。我国新能源汽车成交量连续 5 年位居全球第一，累计推广量超过 480 万辆，占全球一半以上。绿色建筑迅速发展。截至 2018 年年底，全国城镇绿色建筑面积累计超过 25 亿 m^2，绿色建筑占城镇新建民用建筑比例超过 40%，基本形成了目标清晰、政策配套、标准完善的绿色建筑管理体系。

（三）碳中和目标宣布后各行业迅速跟进

2020 年 9 月，习近平主席提出 2030 年前碳排放达峰、2060 年前实现碳中和的目标承诺，中央经济工作会议将做好碳达峰、碳中和工作列为 2021 年的重点任务。随后，各部门、各地区、各行业迅速跟进，相继提出了碳中和目标实施路线图。

2021 年 1 月，国务院国资委研究制定了《中央企业能源节约与生态环境保护监督管理办法（征求意见稿）》，明确提出中央企业应持续提升能源利用效率，控制温室气体排放，积极参加碳达峰与碳中和行动。据不完全统计，目前已有 29 家中央企业提出了碳中和行动计划，涉及电力、能源、化工、钢铁、交通、有色金属、节能环保等行业，提出加强节能与提高能效、推进能源结构清洁低碳化、加快技术创新、加快碳汇林建设、实施 CCS 技术、增加绿色低碳投资等一系列碳中和行动举措。

2021 年，中国人民银行工作会议明确提出，落实碳达峰、碳中和重大决策部署，完善绿色金融政策框架和激励机制；做好政策设计和规划，引导金融资源向绿色发展领域倾斜，增强金融体系应对气候变化相关风险的能力。该会议为金融行业参与碳中和工作指明了方向。

实现碳中和目标需要在可再生能源、零碳技术和储能技术等领域加大投资。据初步测算，所需投资规模在百万亿元人民币以上，绿色金融将面临前所未有的发展机遇。

四、中国碳中和建设的推进策略及措施

为推动落实国家 2060 年碳中和目标，需要加快研究制定我国碳中和战略，规划实施路线图，构建宏观、微观一体化的碳中和政策体系。

（一）加强战略规划，制定科学合理的碳中和宏观战略路径

我国提出的"双碳"目标，从碳达峰到碳中和的时间仅有 30 年，与发达国家平均 50 ～ 60 年的时间跨度相比，时间更短、难度更大。因此，需要加强战略规划，研究制定科学合理的碳中和宏观战略路径，既要充分考虑各行业、各地区的经济发展水平、资源禀赋特点、产业与能源结构特征、社会接受程度等重要因素，也要兼顾科学性、可行性、公平性、有效性等要求，确保在 2060 年前完成碳中和目标。

我国实现碳中和目标，不仅需要在宏观层面自上而下地将任务分解，落实压力传导路径，也需要在微观层面自下而上地动员社会各界广泛参与——通过"草根运动"及自愿减排路径衔接协调机制设计与政策措施，将自下而上和自上而下的力量有机结合起来。

（二）完善法律法规，建立系统有效的碳中和微观执行机制

碳中和项目实施过程需要由独立的第三方机构按照标准流程进行规范认证。目前，我国在碳中和项目设计、实施标准、第三方认证等方面

还不规范，因此"十四五"时期需要加快建立碳中和微观执行机制。

第一，建立碳中和标准规范体系。借鉴《PAS2060：2010碳中和评价规范》等标准的成功经验，建立符合我国实际情况的碳中和技术标准、管理标准与评价标准，加强碳中和行业资质管理，不断完善企业碳中和第三方认证体系，确保行业碳中和持续健康发展。

第二，建立碳中和认证支持机制。政府相关部门要加强行业引导，鼓励企业树立碳中和发展理念，推动企业开展碳中和认证。对于参与碳中和认证，推广应用低碳、零碳与负碳技术的相关企业给予补贴和奖励，促进经济体系向零碳经济全面升级。

第三，推动建立企业碳排放信息披露机制。目前，国内企业开展的碳中和行动多是对自身项目进行过程控制和跟踪管理，企业的碳信息披露意愿不强，社会公众的监督力度较弱。碳排放信息不公开已成为制约碳中和发展的重要因素，因此政府应大力倡导和推动企业开展碳排放信息公开，加快构建碳中和社会监督机制，充分发挥社会各界的监督作用，助力落实碳中和目标。

（三）链接嵌入国家碳市场，推动建立碳中和的市场化参与机制

目前，我国碳中和以购买林业碳汇为主，实现途径较单一，缺乏权威统一的认证机构，消费者的碳中和支出投向不透明，这些都限制了相关主体参与碳中和项目的积极性。

未来，在落实国家2060年前实现碳中和目标的过程中，将有更多的企业与个人参与碳中和行动，自愿减排交易需求的增加将为国家碳市场的拓展与扩围奠定良好的基础。

积极探索排放抵消和自愿补偿相结合的多元发展模式，逐步提高碳交易抵消机制对碳汇的需求，将国家核证自愿减排量（CCER）纳入全国

碳市场，促进更大范围的碳中和交易，有利于构建森林、草地、湿地等生态系统碳汇价值的市场化实现机制，为重点区域的碳汇开发与生态保护提供资金支持；同时，充分发挥生态补偿的调节作用，扩大补偿的范围，提高补偿的标准，为贫困地区与生态脆弱地区改善生态环境、实现高质量发展提供持续的经济支持。

我国是世界上最大的碳市场，碳交易潜力巨大。"十四五"期间，随着全国碳市场建成运行以及碳达峰、碳中和行动的深入，各地区、各行业要积极探索碳中和实现路径，主动链接全国碳市场，把握碳中和带来的新的发展机遇，不断提升碳中和行动参与者的满意度与获得感。

充分发挥碳交易等市场机制的激励作用，结合零碳、负碳技术与地球工程技术等的创新发展与推广应用，因地制宜地推进碳中和方式的多样化，做好碳中和与零碳发展示范基地建设。同时，加大绿色金融对能源转型、产业升级、技术创新的支持作用，加强国际合作与绿色低碳"一带一路"建设，为我国各行业碳中和稳步推进提供有力保障。

（原文刊于《阅江学刊》2021 年第 2 期）

从"节能减排"到"生态设计"
新发展理念引领全面绿色低碳转型

余红辉[1]

党的十八大以来，以习近平同志为核心的党中央统筹国内国际两个大局，提出了力争 2030 年前实现碳达峰、2060 年前实现碳中和的重大战略决策。这是实现中华民族永续发展的必然选择，更是构建人类命运共同体的庄严承诺。

中央企业作为国民经济的重要支柱、全面建成小康社会的重要力量、党执政的重要基础，在助力实现碳达峰、碳中和目标愿景中发挥着创新驱动的主力军作用。从"节能减排"的末端到"生态设计"的前端，中央企业以新发展理念为引领，坚持系统思维，科学研究制定"双碳"战略实施方案，在推进落实全面绿色低碳转型上进行了有益实践，绘就了生态优先、绿色发展的央企蓝图。

在实现"双碳"目标的背景下，中国节能环保集团有限公司（以下

---

[1] 余红辉，现任中国林业集团有限公司党委书记、董事长，此前任中国节能环保集团有限公司董事、总经理、党委副书记。本文分为上下两篇，系作者通过对中国节能工作实践的总结、对中林集团历史经验的梳理及未来发展方向的思考，分别从节能环保末端治理和减排固碳前端设计两个维度形成的中央企业践行"双碳"战略的典型案例研究。

简称"中国节能"），坚决响应国家战略部署，主动履行社会责任，自觉将碳达峰目标和碳中和愿景转化为企业行动，积极将低碳发展理念融入企业生产经营全过程，加快实现绿色转型升级，充分发挥了中央企业的引领作用，展现了中央企业的责任担当。中国节能在推广合同能源管理模式、聚焦气候变化相关研究、引领企业"零碳"示范及加强标准与智力供给能力等方面积极行动，设立碳达峰碳中和事业部，组建中国节能碳达峰碳中和研究院，带动全社会参与碳中和实践。

作为我国林业行业唯一的一家中央企业，中国林业集团有限公司（以下简称"中林集团"），敢于担当、主动作为，在多年发展历程中探索前行，为生态绿色创新发展提供了生动实践与有益参考。在"做生态产业领袖、创世界一流企业"这一战略目标的指引下，中林集团不断培育核心优势业务，做强做优做大森林资源培育与开发利用等林业主业，坚持以生态优先、绿色发展为准则，积极落实国家"双碳"战略，始终聚焦"生态绿色低碳产业"主战场，走出了一条以生态效益、社会效益与经济效益高度统一为追求，以保障国家木材安全、生态安全、物种安全为使命的林业产业高质量发展之路。

当前，我国社会主要矛盾已经转化为人民日益增长的美好生活需要和不平衡不充分发展之间的矛盾，工业化、新型城镇化还在深入推进，经济发展和民生改善的任务还面临众多挑战。做好碳达峰、碳中和工作任重道远。中国节能与中林集团不忘初心，牢记使命，主动担当作为，聚焦主责主业，着力提升技术创新能力、智力供给能力和示范带动能力，努力成为生态绿色低碳创新发展的引领者和实践者，为实现"双碳"目标、推进生态文明建设作出积极贡献。

上 篇

聚焦节能环保主责主业
努力成为绿色低碳创新发展的引领者

2020 年 9 月，国家主席习近平在第七十五届联合国大会上宣告，中国"二氧化碳排放力争于 2030 年前达到峰值，努力争取 2060 年前实现碳中和"。这一庄严承诺既彰显了中国的大国担当，也是中国立足新发展阶段、贯彻新发展理念、构建新发展格局、推动高质量发展的内在需求，是一场广泛而深刻的经济社会变革。绿色是高质量发展的靓丽底色。作为应时代需要而生、兼具带动经济增长和应对环境问题双重属性的战略性新兴产业，节能环保产业涵盖了能源节约、能源利用效率提升、污染防治、生态保护与修复、资源循环利用等多个领域，不仅是典型的绿色产业，也是"双碳"目标下加速我国能源和经济结构低碳转型、促进全社会绿色低碳创新发展的重要动力。多年来，以中国节能为龙头的一批节能环保企业，聚焦主责主业，主动担当、积极作为、大胆创新，努力成为绿色低碳创新发展的引领者。

成长阶段：勇担节能环保产业开拓创新的历史使命

中华人民共和国成立以来，党和国家把生态环境保护作为重大民心工程和民生工程，不断深化对生态环境保护的认识，持续推进生态文明建设。特别是改革开放以后，随着国际形势的变化和国内经济社会的高速发展，我国能源环境问题日益凸显，在国家的大力支持下，节能环保产业应运而生，并迅速成为事关国计民生的战略性新兴产业。作为我国节能环保产业的代表，中国节能自诞生之日起就主动践行"节约资源、保护环境"的基本国策，自觉肩负起引领绿色低碳发展的历史使命，大胆开拓创新，逐步成长壮大，在各个领域均取得了诸多令人瞩目的成果，为推动我国节能环保产业的起步和发展作出了重要贡献。

一、我国生态环境保护工作的早期实践

20 世纪 70 年代，由于环境压力逐步显现，我国的环境保护工作开始起步。1973 年，第一次全国环境保护会议召开，发布了我国第一个环境保护文件《关于保护和改善环境的若干规定（试行草案）》。1978 年，环境保护被列入宪法；1983 年，环境保护被确立为基本国策。这一时期，由于能源供需矛盾日益突出，国家提出了"开发与节约并重，近期把节约放在优先地位"的能源方针，将节能工作纳入国民经济和社会发展计划中，并建立了国务院节能工作办公会议制度。节能环保理念初步确立。

1989 年，《中华人民共和国环境保护法》颁布。1997 年，《中华人民共和国节约能源法》颁布。在此基础上，国家又颁布了数十项法规条例，制定了行业规范和百余项国家标准，节能环保的顶层设计初具雏形。

进入 21 世纪，国家对节能环保更加重视，各项工作部署也日趋完善。2007 年，党的十七大报告指出，坚持节约资源和保护环境的基本国策，是关系人民群众切身利益和中华民族生存发展的大问题。节能环保被提升到新的高度。

与此同时，应对气候变化日益成为国际共识。我国积极参加气候变化国际谈判，推动建立公平合理的国际气候制度。2007年，我国成为第一个制定并实施应对气候变化国家方案的发展中国家，把积极应对气候变化作为关系经济社会发展全局的重大议题，纳入经济社会发展中长期规划。2008年，世界环境日将"转变传统观念，推行低碳经济"作为主题，低碳这一概念初步进入大众视野。2009年，在哥本哈根世界气候大会上，我国就2020年以前的碳减排指标作出郑重承诺，确定了到2020年单位GDP温室气体排放比2005年下降40%～45%的行动目标，这是中国为应对气候变化作出的不懈努力和积极贡献。

二、节能环保产业应运而生并逐步发展壮大

20世纪80—90年代初，随着我国市场经济体制逐步深化，社会经济发展与能源环境问题的矛盾进一步突出，出现了一批从事节能环保工作的企业，节能环保产业的概念被首次提出。据统计，1988年，我国环保工业单位有2 500余家，生产总值为38亿元，主要产品包括用于治理环境污染的机械设备、专用仪器及材料等。相较而言，节能工作成效更为显著。1993年，GDP能耗由1980年的7.64 tce下降到4.54 tce，全国累计节约和少用能源约4.1亿tce。与此同时，能源消费增长率也显著降低。1993年，GDP增长13.4%，而一次能源消费仅增长2.4%，节能率达到6.4%。

进入90年代，随着能源环境问题日益突出，我国节能环保行业的相关法律法规不断完善，技术标准不断提高，国家对节能环保产业的投入也大幅度增加，从而使节能环保产业得到快速发展。截至1998年，我国

用于节能基建和节能技改项目的投资共 371.4 亿元，引导政府和企业投资 991.6 亿元，总投资为 1 363.0 亿元，形成了超过 9 000 tce 的节能能力。截至 2000 年年底，全国已有 1 万多家企事业单位专营或兼营环保产业，职工总数达 180 多万人，全国环保产业总产值为 1 080 亿元，占同期全国工业总产值的 0.77%。

进入 21 世纪，我国对节能环保产业更加重视，各项工作部署也日趋完善。"十一五"时期，节能环保产业被列为七大战略性新兴产业之一，我国也首次将节能目标、主要污染物绝对减排目标作为约束性目标纳入规划纲要。"十二五"时期，节能环保产业升级为七大战略性新兴产业之首。《国务院关于加快培育和发展战略性新兴产业的决定》（国发〔2010〕32 号）和《国务院关于印发"十二五"节能环保产业发展规划的通知》（国发〔2012〕19 号）均将节能环保视为拉动经济增长的新引擎，提出要将节能环保产业打造成为国民经济新的支柱产业。在一系列政策的驱动下，截至"十二五"末期，我国节能环保产业产值已达到 4.5 万亿元。

三、不辱使命开拓创新，引领产业绿色发展

（一）我国低碳事业的拓荒者

20 世纪 80 年代，随着两伊战争的爆发，世界范围内爆发了第二次石油危机，国际原油价格大幅飙升，对全球经济产生了巨大影响，并造成了西方经济的全面衰退。与此同时，我国改革开放刚刚起步，能源十分紧张。为应对能源危机，国家开展了节能专项计划，同时启动了节能基建工作以缓解资源压力。1982 年，国家计划委员会设置节能计划局，负

责管理重大节能措施专项资金。然而，随着市场经济体制的推进，无论从灵活性还是从投入产出效益来看，政府部门直接开展节能投资工作都已不再适应时代发展的趋势，国家开始探索以市场化行为代替政府行为开展节能工作。

1988 年 7 月，国务院进行政府机构改革，根据国家投资体制改革总体方案成立国家能源投资公司等六大专业投资公司。其中，经批准在原国家计划委员会节能计划局的基础上成立专门机构——国家能源投资公司节能公司（以下简称"节能公司"），即中国节能的前身。

节能公司成立后，充分发挥中央投资的导向作用，在推动我国节能环保产业升级、促进国家节能环保产业政策落实和宏观调控能力、保障国民经济和社会的可持续发展方面发挥了举足轻重的作用。先后累计完成国家节能基建投资 230 亿元，引导地方、企业投资 320 亿元，推广重大节能措施 13 大类，建成重大节能工程 3 000 余项，遍布全国各省（区、市）300 多座大中城市。其中，热电联产共 450 项，总装机容量为 950 万 kW；城市煤气及放散气回收共 100 多项，日供气能力为 1 393 万 m³；年产民用型煤 1 780 万 t；形成集中供热面积 2 亿 m²；煤炭洗选、配煤每年达 5 969 万 t 规模；连铸连轧达 329 万 t 规模；轻工行业造纸厂碱回收、酒精糟液综合利用年治理污水达 1.1 亿 t。这一系列的措施有力地支持了国民经济的持续发展，形成了年节能能力 4 580 万 tce，有效促进了城镇环境保护，每年相应减排二氧化碳 1 960 万 t、二氧化硫 92 万 t、烟尘 70 万 t、灰渣 1 200 万 t。

这一时期，由节能公司主导的一大批节能基建项目建成投产，有力地推动了节能领域的技术进步，减少了环境污染和碳排放，为未来节能环保产业开创新局面奠定了坚实基础，并在一定程度上支持、促进了国民经济的持续发展。节能公司身负重任，走在时代前列，成为我国低碳事业的拓荒者。

（二）节能环保领域的先行者

随着我国城市化和工业化进程的不断加快，能源环境问题日益突出且日趋复杂，流域性、区域性环境问题开始出现，国家对节能环保工作的重视程度也进一步提升，提出了建设资源节约型与环境友好型社会的目标，相继出台了多项促进产业发展的政策措施。

为了加速相关政策和目标的落地，国家有意打造一批节能环保骨干企业，推动节能环保与绿色低碳协同发展。

1994年，经国务院同意，节能公司更名为中国节能投资公司，注册资本为 20 亿元。1997 年，原归属机械工业部管理的唯一一家国家级环保公司——中国环境保护公司划转至中国节能投资公司。2010 年，经国务院批准，中国节能投资公司与中国新时代控股（集团）公司实行联合重组，更名为中国节能环保集团公司。之后，随着中央企业公司体制改革的推进，整体改制为中国节能环保集团有限公司。至此，中国节能经过 20 多年的积累和发展，已经由一个单一的节能基建投资公司成长为集能源节约、环境保护、清洁能源、大健康和节能环保综合服务等各类业务于一体的大型综合性节能环保集团公司，并在各个领域取得了突出成就，成为节能环保领域的龙头企业，持续引领我国绿色低碳发展。

1. 推广合同能源管理模式，推动工业节能低碳发展

中国节能是我国首批从事合同能源管理业务的中央企业之一，对合同能源管理模式的推广和发展起到了重要的示范作用。围绕钢铁、冶金、石油、石化、煤炭、建材等领域的工业园区和大型工矿企业的节能需求，中国节能成功实施了大批工业节能项目。其中，为重庆钢铁集团打造的工

业余气余热综合利用项目（图1）是我国钢铁领域第一个余气余热综合利用零排放示范项目，也是我国最大的第三方投资运营的新型合同能源管理项目。该项目采用了大量高效节能环保新技术，如直流高压电除尘技术、变压高温吸附脱硫脱苯技术、燃气轮机低氮燃烧技术、高温高压干熄焦余热利用发电技术、中水处理与除盐水密闭循环技术等，引进了国际最先进的低热值燃机发电技术并消化吸收，成功实施了"零值班焦炉煤气"改造，保证了项目建成后的安全、稳定、高效运行。该项目可满足重庆钢铁集团新厂区 75% 以上的用电需求，基本实现放散气体全部回收，年节约标准煤 75 万 t，年减排二氧化碳 198 万 t，节能降碳效果显著。

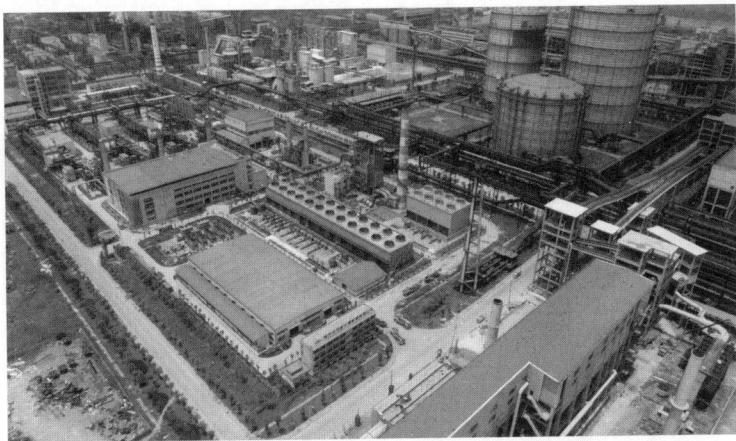

图 1　重庆钢铁集团工业余气余热综合利用项目

2. 做中国最"绿"的建筑，助力低碳城市建设

随着城市化的不断推进，我国建筑用能快速增长，建筑建造和运行过程中的碳排放比例逐年提高，已占我国碳排放总量的 40% 左右。实现

建筑领域的节能降碳，对我国绿色低碳发展具有显著意义和作用。

中国节能深耕数十年，打造了一批具有示范意义的绿色建筑案例，成为我国绿色建筑领域的领军企业。坐落在杭州余杭钱江经济开发区的中国节能·杭州绿色建筑科技馆（图 2）集成应用了世界十大建筑节能技术系统，使每平方米能耗只有普通建筑的 1/4，节能率达到了 76.4%。该建筑被住房和城乡建设部批准列为"2007 年建筑节能和可再生能源利用示范试点项目"，也是我国首个同时获得美国 LEED（能源与环境设计先锋）铂金级、绿色建筑设计三星级、绿色建筑运行三星级等最高级认证的项目，成为我国绿色建筑的典范。该馆采用了建筑物自遮阳系统，被动式通风系统，环保外围护系统，智能化外遮阳，通风百叶系统，索乐图日光照明系统，温湿度独立控制空调系统，可再生能源（太阳能、风能、氢能）发电系统，能源再生电梯系统，雨水收集、中水回用系统，

图 2　中国节能·杭州绿色建筑科技馆

智能控制、分项计量系统等最先进的建筑节能系统，有效减少了建筑能耗和对自然环境的负面影响，营造出恒温、恒湿、恒氧、健康、舒适的环境，促进了人与建筑、自然的和谐发展。即使在今天，该馆依然可以被称作绿色建筑的标杆，是我国低碳建筑、低碳城市建设的样板工程。

3. 风一样的中国节能速度，大力拓展清洁能源

随着我国经济社会的不断发展，能源需求持续增长，化石能源的迅速消耗造成了生态环境的不断恶化。进入 21 世纪，为了保障能源安全、增加能源供应、保护生态环境，我国开始加速在清洁能源领域的布局。中国节能是我国最早开展风电和太阳能业务的企业之一。

2006 年，国家密集出台了一系列清洁能源相关政策法规，风电行业在我国迎来了首次大爆发。中国节能闻令而动，迅速成立了中节能风电公司，并以遍地开花之势在全国各地启动了大批风力发电项目，被业内称为风一样的速度。先后建成了国内第一个百万千瓦级风电基地启动和示范项目——河北张北单晶河 20 万 kW 风电特许权项目、国内第一个千万千瓦级风电基地启动项目——甘肃玉门昌马风电场 20 万 kW 风电特许权项目（图 3）。2009 年 8 月启动的甘肃玉门昌马风电场一期工程，拉开了我国大规模建设风电项目的序幕，化荒芜戈壁为生机无限，让绿色风能点亮万家灯火，被媒体誉为"大漠戈壁的格桑花"和"陆上三峡"。中节能风电公司成为日后国内最早，也是唯一一个以风电运营为主业的上市公司。

2009 年，国家实施促进光伏发电产业技术进步和规模化发展的"金太阳示范工程"政策，中国节能随即成立中节能太阳能公司，在江苏省镇江市设立光伏组件生产线，并逐步将其打造为国际领先的光伏产业基地。在光伏发电领域，中国节能同样以席卷之势，先后建设了国内第一

个荒漠式太阳能光伏发电站——甘肃武威 90 MW 荒漠光伏并网发电项目、国内第一个太阳能光伏建筑一体化示范项目——京沪高铁虹桥客运站屋顶光伏发电项目，以及国内第一个风光渔互补发电项目——江苏东台风光渔互补发电项目（图 4）。中节能太阳能公司也成为国内最早的以太阳能发电及太阳能电池组件制造为主业的上市公司。

2018 年，在"伟大的变革——庆祝改革开放 40 周年大型展览"中，中国节能河北张北单晶河风电场、甘肃玉门昌马风电场、江苏东台风光渔互补发电项目作为节能环保领域的优秀案例精彩亮相。

图 3　甘肃玉门昌马风电场项目

图 4　江苏东台风光渔互补发电项目

壮大阶段： 勇做"绿水青山就是金山银山"理念的践行者

党的十八大以来，党中央把生态文明建设作为统筹推进"五位一体"

总体布局和协调推进"四个全面"战略布局的重要内容，开展了一系列根本性、开创性、长远性工作，生态环境保护发生了历史性、转折性、全局性变化。习近平生态文明思想被写入宪法和党章，成为新时期做好生态文明建设工作的根本遵循。这一时期，节能环保产业被列入七大战略性新兴产业之首，发展进入快车道，产业规模、从业人数、技术创新水平、龙头企业实力等方面均取得了巨大突破，对推进新时代生态文明建设发挥了重要的支撑作用。

一、生态文明建设进入新的历史时期

2013 年以来，我国先后发布《国家适应气候变化战略》《国家应对气候变化规划（2014—2020 年）》等政策规划文件，有序协同推进了我国节能环保与碳减排工作。2015 年，中央发布了总揽全局的生态文明建设指导性文件《中共中央　国务院关于加快推进生态文明建设的意见》，将大力推进绿色发展作为生态文明建设的总体要求，指出把绿色发展、循环发展、低碳发展作为推进生态文明建设的基本途径，并强调以发展绿色产业推动技术创新和机构调整，提高发展质量和效益，尤其是大力发展节能环保产业，推广节能环保产品，推动节能环保技术、装备和服务水平提升等。2015 年 11 月，习近平主席出席气候变化巴黎大会，并作出中国"将于 2030 年前后使二氧化碳排放达到峰值并争取尽早实现，2030 年单位国内生产总值二氧化碳排放比 2005 年下降 60% ～ 65%，非化石能源占一次能源消费比重达到 20% 左右，森林蓄积量比 2005 年增加 45 亿 m^3 左右"的四大承诺，为应对全球气候变化注入中国力量。《巴黎协定》的签署为国际碳市场注入强心剂，在全球应对气候变化进程中具有里程碑意义，中国成为国际多边气候规则的积极倡导者和制定者，彰显了负责任大国的软实力和大气度。

2017 年，党的十九大报告全面阐述了加快生态文明体制改革、推进绿色发展、建设美丽中国的战略部署，明确指出我们要建设的现代化是人与自然和谐共生的现代化，既要创造更多物质财富和精神财富以满足人民日益增长的美好生活需要，也要提供更多优质生态产品以满足人民日益增长的优美生态环境需要。党的十九大报告为中国推进生态文明建设和绿色发展指明了路线图。

2018 年 5 月 18 日，习近平总书记在全国生态环境保护大会上发表重要讲话，深刻回答了为什么建设生态文明、建设什么样的生态文明、怎样建设生态文明的重大理论和实践问题，形成了习近平生态文明思想。习近平生态文明思想是确保党和国家生态文明建设事业发展的强大思想武器、根本遵循和行动指南。

二、节能环保产业进入高质量发展新阶段

党的十八大以来，在国内外形势的紧迫要求和社会市场的巨大需求下，我国节能环保产业规模继续扩大，并进入稳步高质量发展阶段。"十三五"期间，我国节能环保产业产值由 2015 年的 4.5 万亿元上升到 2020 年的 7.5 万亿元左右，年均增速 15%，产业增加值占 GDP 的比重由 2015 年的 2% 提升到 3%。

在政策支持方面，国家针对节能环保产业出台了多项政策法规文件，包括《"十三五"节能减排综合工作方案》《中华人民共和国环境保护税法》《中华人民共和国循环经济促进法》等，并在各个细分行业也相继出

台了一系列政策措施。

在资金投入方面，国家和各级政府持续增加收入，促进节能环保产业快速增长。2016—2019 年，国家财政的环保支出分别达到 4 734.8 亿元、5 617.3 亿元、6 297.6 亿元和 7 390.2 亿元，地方财政的节能支出分别达到 4 439.3 亿元、5 266.8 亿元、5 870.0 亿元和 6 969.0 亿元。政府财政支出相应带动了全国节能环保投资总额的持续增加。据统计，2016 年、2017 年，全国环境污染治理投资总额均在 9 000 亿元～10 000 亿元，并稳定增长。在产业融资情况上，节能环保产业融资自 2016 年起逐年增长，并于 2019 年达到 793.8 万亿元的高峰。

在企业发展方面，随着节能环保产业政策机制完善、市场监管范围力度加大，市场准入门槛也不断提高，"十三五"期间产业集中度不断提高，营业收入 1 亿元以上的企业贡献了 90% 以上的利润，巨头加速整合，龙头企业不断涌现。

在技术创新方面，我国节能环保专利申请数量呈增长态势，2018—2020 年的专利申请书量分别达到 30 246 件、31 347 件、32 282 件，主要集中于大气治理、水处理、节能装备及建筑节能等细分行业。

这一阶段我国节能环保产业的发展取得了一系列成绩，但与新时代生态文明建设目标和经济高质量发展要求相比仍然存在较大差距。节能环保产业仍以中小企业为主，占比达到 90%，产业集中度距发达国家还有较大差距；产业自主创新能力不强，大多数仍依赖于对国外先进技术的跟踪模仿创新，企业尚未成为市场技术创新的主体，技术成果转化率低于 10%，远低于发达国家的平均水平。此外，节能环保产业还面临商业模式较为单一、资金短缺较大、科技创新动力不足等一系列突出问题。有效解决相关问题是节能环保产业高质量发展的关键，也是节能环保企业蓬勃发展的重要机遇。

三、聚焦创新，探索"双碳"目标实现新路径

作为节能环保领域的龙头企业，中国节能坚持以习近平生态文明思想为指导，积极践行"绿水青山就是金山银山"的发展理念，以"让天更蓝、山更绿、水更清，让生活更美好"为己任，着眼环境污染、能源危机、绿色低碳发展等社会问题，深度参与国家重大区域发展战略，以"功成不必在我"的境界和"功成必定有我"的担当主动扛起生态文明建设主力军责任，擦亮高质量发展绿色底色，在多个方面开展了卓有成效的创新探索和实践。

（一）打造有高度、有温度、有力度的长江污染治理主体平台

长江经济带覆盖我国 11 个省市，横跨东、中、西三大板块，以约 21% 的国土面积集聚了全国 40% 以上的人口和经济总量，是我国经济重心所在、活力所在。然而，长江经济带也是全国污染最为严重的区域之一。习近平总书记十分关心母亲河的保护，多次作出重要指示批示，并分别于 2016 年、2018 年、2020 年先后在重庆市、武汉市和南京市召开了三次推动长江经济带发展座谈会。他强调，推动长江经济带发展必须从中华民族长远利益考虑，走生态优先、绿色发展之路，使长江经济带成为我国生态优先绿色发展主战场、畅通国内国际双循环主动脉、引领经济高质量发展的主力军。

2018 年 4 月 26 日，习近平总书记在武汉市主持召开深入推动长江经济带发展座谈会并发表重要讲话。随后，中国节能迅速响应，举全集团之力投入长江大保护工作，积极组织相关专家就长江污染治理问题深入

研讨，多次主动向有关部门请示汇报，提出高质量意见建议。2018 年 5 月，中国节能被推动长江经济带发展领导小组办公室确定为长江经济带污染治理主体平台企业。2019 年 1 月，领导小组办公室向沿江各省市及相关部委下发《关于支持中国节能环保集团在长江经济带中发挥污染治理主体平台作用的指导意见》。这既是对中国节能的莫大信任与厚爱，更是沉甸甸的责任与巨大鞭策。以长江大保护为重点，中国节能迅速与沿江 11 个省市开展密切合作，签署长江大保护战略合作协议 40 余份，并遴选出咸宁、湖州、衡阳、毕节 4 个试点城市，加快示范项目落地建设，聚合各方力量，共当答题人，共同打造有高度、有温度、有力度的主体平台。

1.“山水林田湖草沙”系统理念的创新实践

围绕长江经济带生态修复工作，中国节能始终按照习近平总书记“中医整体观”要求，全方位诊断、多角度施策，积极探索构建协同耦合、全过程有机衔接的区域环境综合解决方案。由中国节能承担的湖北咸宁嘉鱼岸线整治及生态环境保护修复系统工程（图 5），其区域内涵盖了山水林田湖草等全部生态要素，治理难度较大。中国节能按照“源头控污 + 系统截污 + 全面治污 + 生态修复”的综合性方式，从山上到山下、从水中到岸上一体化设计、系统化施工，形成了污染物收集、处理、深度净化、生态保护、环境提升相结合的区域环境综合治理模式，取得了显著的治理效果。项目建成后预计可清除固体废物 54 万 t，清理河道淤泥 178.8 万 m^3，年减少向水体中排放 COD 4 059 t，减少总磷排放 97 t，减少总氮排放 449 t。该项目作为生态环境系统治理的典型案例在 2021 年建党百年成就展中展出。

图 5　咸宁嘉鱼县滨江生态提升示范工程沙盘

2. "两园一链"打造固体废物资源循环利用新模式

针对长江经济带固体废物处理问题，中国节能探索形成了"两园一链"的固体废弃物资源循环利用综合解决方案，即集约式综合固体废物治理产业园、分布式有机固体废物治理生态园和环境物流链一体化建设，打通了固体废物资源化＋生态改善＋高经济价值农业产业链，目前已在贵州毕节、湖北咸宁等地先行先试。该模式突破地域界限，以干湿垃圾分类为基础、以智慧环境物流链为驱动，将长距离运输的垃圾最大程度集约、协同处理，实现固体废物处理最优效率；对于不适合长距离运输的有机垃圾采用分布式生态化处理，回馈自然，实现生态环境友好。通过城乡协同，各类固体废物在"两园一链"系统内部循环利用，做到无废物流出，从而实现了垃圾高效资源回收利用，输出碳基复合肥、有机肥、清洁燃气等绿色低碳产品，成为长江大保护固体废物处理的系统样板工程。

3."空天地"一体化的智慧城市解决方案

中国节能积极将智慧化、数字化技术赋能产业发展和"双碳"目标实现。在咸宁市打造的"智慧长江"项目（图6），综合运用卫星遥感、无人船等科技手段，多维度实时联网采集环境数据，通过大数据分析描绘生态环境画像和变化趋势，构筑起"空天地"一体化环境感知物联网，为该市全方位、无盲区环境监管和量化决策提供数据支撑和科学依据，实现了智慧化、低碳化的治理方式。

图6　咸宁"智慧长江"项目

截至"十三五"末期，中国节能在长江经济带累计签约实施各类节能环保及绿色发展项目150余个，签约投资额超过500亿元；可实现年处理生活垃圾等固体废物660万t，提供绿色电力26亿kW·h，节约94万tce，减排二氧化碳1 600万t。

（二）努力做国家重大区域发展战略的绿色参与者和贡献者

党的十八大以来，党中央高瞻远瞩、谋篇布局，对区域协调发展作出战略性部署，提出了雄安新区建设、长江经济带发展、黄河流域生态保护、长三角一体化发展和"一带一路"倡议等一系列重大区域发展战略。中国节能积极履行中央企业责任，努力做国家重大区域发展战略的绿色参与者、贡献者。

1. 雄安新区"能源 + 环境"的低碳综合解决方案

2017 年 4 月，党中央、国务院决定设立雄安新区。习近平总书记指出，这是千年大计、国家大事。中国节能率先发声，全力支持雄安新区建设，成为首批 31 家表态支持雄安新区建设的中央企业之一。在雄安市民服务中心建设项目（图 7）中，中国节能充分发挥专业优势，创造性地提出了"能源 + 环境"的综合解决方案，打造了以固体废物收集处置新机制、污水处理再生利用、多能互补能源供应、绿色建筑与智慧管理的系统集成模式，实现了 80% 的能源综合利用率和 74% 的可再生能源替代率，年节约标准煤 608 t，年减排二氧化碳 1 516 t，为雄安新区的建设镌刻了绿色低碳发展的烙印（图 7）。

图 7　雄安市民服务中心

2. 黄河沿岸世界一流的生态循环产业园

2019 年 9 月，习近平总书记在黄河流域生态保护和高质量发展座谈会上作出部署，将黄河流域生态保护和高质量发展上升为重大国家战略，指出"治理黄河，重在保护，要在治理"，提出了"积极探索富有地域特色的高质量发展新路子"的要求。中国节能认真贯彻落实习近平总书记的要求，进一步加大在宁夏、青海、山东、山西、河南等黄河沿线省份的项目布局，保护黄河母亲河。其中，中国节能打造的山东临沂生态循环产业园项目（图 8）成为探索解决城乡垃圾处理难题的全新范式。该产业园按照能量梯级高效利用的思路，打造固体废物处理项目残渣处置中心＋园区污水处理中心＋园区天然气提纯和生物柴油生产中心的综合处理体系，建成集餐厨垃圾、病死畜禽、污泥等多个固体废物处置项目于一体的"生态循环产业园"，实现园区废弃物单位处理成本下降 30%，年均节约末端污泥残渣处理费用 600 万元；园区生活垃圾焚烧发电年均生产 3 亿 kW·h 绿色电力，年均对外供应蒸汽 60 万 t，可向周边 140 多家板材加工企业供应蒸汽，同时能为周边 20 万 m² 以上建筑提供清洁供暖服务，节约标准煤 6 万余 t。园区集物质流和能量流循环再利用、废弃物综合治理于一体，实现"零排放"和"能量梯级利用"，成为我国多种

图 8　山东临沂生态循环产业园

195

废弃物集中联合处置园区的范本。

3. 矗立在长三角的一张张绿色建筑名片

2018 年 11 月，习近平总书记在首届中国国际进口博览会上宣布，支持将长三角一体化发展上升为国家战略。作为我国经济发展最活跃、开放程度最高、创新能力最强的区域之一，长三角一体化战略的有力实施对引领我国高质量发展具有重大示范意义。中国节能长期扎根长三角，积极推动长三角地区绿色高质量发展。其中，在杭州建设的中节能西溪首座（图 9）集成应用了 20 余项节能低碳技术，是国内首个联合国环境规划署 SUC 可持续社区国际交流实践基地项目，以唯一地产项目代表入选 G20 官方宣传册；在湖州打造的太湖首座应用顶尖生态城区技术、绿色建筑技术和智慧云技术，围绕"绿水青山就是金山银山"的理念，构建了集山清水秀的生态系统、宜居健康的生活系统、集约高效的生产系统于一身的"三生融合"绿色智能制造科技城；在黄浦江畔，中国节能上海首座项目邀请国际著名的扎哈设计公司，按照"生态优先、绿色发

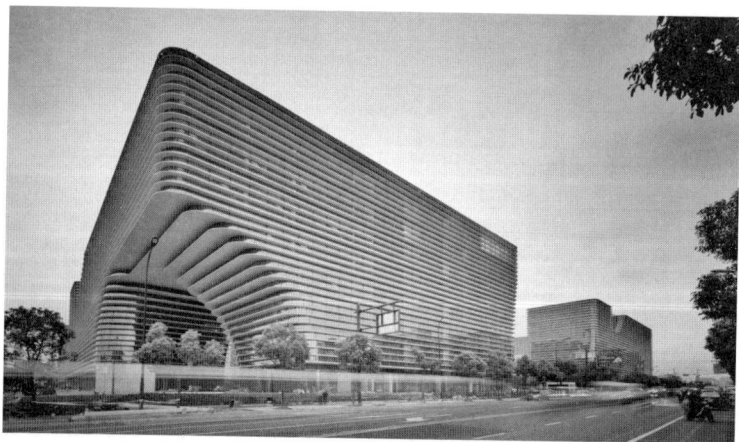

图 9　杭州中国节能西溪首座

展、国际标准、上海味道"的总要求,以国际最新绿色建筑标准进行统筹规划,传递绿色、生态、健康的理念,打造具有示范性的绿色智慧楼宇,未来将成为长三角绿色建筑在全球的闪亮名片。

4. 助力"一带一路"成为绿色低碳发展之路

中国节能积极践行国家"一带一路"倡议,坚定不移地实施走出去战略,海外业务广泛分布在"一带一路"沿线 77 个国家。下属风电公司投资建设的澳大利亚白石风电场项目,装机容量为 17.5 万 kW,于 2018 年 4 月整体建成投产,成为中资企业在澳大利亚新州建成的规模最大的风电项目。中国节能下属中国地质公司在 40 年来已在非洲承建了给排水、路桥等民生项目上千个,打井上万眼,解决了上千万人的吃水问题,被当地老百姓誉为"找水之神"。当前,中国节能正积极与"一带一路"沿线国家在清洁能源开发、污染治理、节能环保设备等方面开展合作,加强绿色低碳理念的传播沟通,助力"一带一路"成为绿色低碳发展之路。

(三)做绿色低碳创新发展的引领者

创新是一个民族进步的灵魂,是一个国家兴旺发达的不竭动力。2020 年 7 月,在企业家座谈会上,习近平总书记勉励广大企业家"做创新发展的探索者、组织者、引领者","努力把企业打造成为强大的创新主体"。作为节能环保产业的龙头企业,中国节能始终将创新作为发展的内生动力,多措并举,引领推动产业高质量发展。

1. 强化科技创新:努力打造节能环保产业原创技术策源地和现代产业链链长地位

习近平总书记多次强调,关键核心技术是要不来、买不来、讨不来的。具有自主知识产权的核心技术是企业的"命门"所在,企业只有在核心技术上不断实现突破，才能掌控发展的主导权。而科技创新动力不足、水平不高、原创性不够、成果转化水平偏低，正是制约我国节能环保产业做强、做优、做大的主要因素。

多年来，中国节能坚决贯彻落实党和国家战略部署，始终把科技创新摆在突出位置，不断加大研发投入，探索绿色低碳技术，加快打造原创技术策源地和现代产业链链长地位。2018 年至今，共牵头（承担）国家重点研发计划等国家级科研项目（课题）15 项，参与 20 项；牵头省部级科研项目 123 项；内部设立集团层面重大科技项目 43 项；带动子公司实施科技研发项目 339 项。2015 年，中国节能在贵阳市打造的中天未来方舟供能项目（图 10），采用河水、污水源热泵和天然气等多能互补联合供能，是亚洲最大的原生污水供能项目，是住房和城乡建设部批准的全国首批绿色生态示范城区之一，年减排二氧化碳 17 万 t。2019 年，中国节能与茅台集团共同打造了国内第一个规模化酒糟和高浓度废水资源化项目，每年处理酒糟 10 万 t，生产生物天然气 1 178 万 m^3，减排二氧

图 10　贵阳中天未来方舟供能项目

化碳 2.6 万 t，生态效益与经济效益获得双提升。2021 年，中国节能下属工业节能公司牵头研发的国内首套燃煤锅炉污染物一体化控制装置在山西襄垣成功投运，大幅提升了热电项目减排效果，解决了深度脱除与经济性的矛盾，突破了制约我国煤炭清洁高效利用的"瓶颈"，极大提高了我国煤炭的清洁高效利用水平。

截至 2021 年 6 月底，中国节能累计申请专利 5 783 项，其中发明专利 2 323 项；获得授权专利 3 776 项，其中发明专利 849 项，在中央企业专利榜的排名持续提升；主编、参编国家标准 46 项，行业、地方标准 156 项；获得国家级奖项 23 项、省部级奖项 240 项；牵头和参与国家级项目 64 项、省部级科研项目 260 项；建成国家级科研平台 3 个、省部级科研平台 34 家。参与研发的"硅衬底高光效氮化镓基蓝色发光二极管项目"获得国家技术发明奖一等奖，参与研发的"PVB 双玻组件技术和危险废物回转式多段热解焚烧及污染物协同控制关键技术"荣获国家科学技术进步奖二等奖。

2. 推动合作模式创新：不唱独角戏，奏响大合唱

中国节能坚持以绿色产业为纽带创新央地合作模式，获得了良好的生态效益、经济效益、社会效益，助推地方经济高质量发展。与武汉、铜陵等地探索通过股权并购、合资合作等方式，投入增量资金接手地方环保存量资产，将增量资金定向投入污染治理，降低地方政府的环保资金压力。

与此同时，中国节能不断探索节能环保产业平台创新，加强与兄弟央企、地方国企、金融机构、高校和科研院所的密切合作，凝心聚力为节能环保和绿色低碳发展注入智慧和力量。联合 16 家国内顶尖高校、科研院所、企业发起成立了"共抓长江大保护科技创新联盟"，共有 39 家

成员单位，为长江大保护打造高端智库、提供科技保障；牵头组建了"中国环保品牌集群"，进一步优化了集团公司的环保产业生态圈；成立"中国节能科协"，与中国科协、地方科协、各类学会等优势科研学术资源积极对接，拓宽技术创新源头；与清华大学、浙江大学、北京科技大学、同济大学、中国环境科学研究院等十余所高校和科研院所签署合作协议，加快产学研用合作步伐；先后加入了中国国际商会、中国企业改革与发展研究会等行业协会和组织，进一步完善了覆盖面较广的战略合作伙伴网络。

3. 加大绿色金融创新：赋能绿色低碳发展

节能环保属于重资产行业，具有投资大、回收期长、收益率低、公益特征显著等特点。为解决融资难题，中国节能在绿色金融领域深入研究，探索有利于节能环保产业发展的贷款激励机制和约束机制。建立与地方国企、投资机构联合投资的绿色产业模式，与湖北高投、湖北地方国企合作，牵头发起设立中节能（湖北）环保产业股权投资基金，用于定向支持湖北节能环保项目；积极参股国家绿色发展基金，用于长江经济带环境保护和污染防治、生态修复和国土空间绿化、能源资源节约利用、绿色交通、清洁能源等绿色发展领域；开创国内存量金融债券绿色属性评估模式，发布中债—中国绿色债券指数和中债—中国绿色债券精选指数，成功注册国内首单以央企总部作为发行人的绿色公司债，规模达 50 亿元；成功注册银行间市场交易商协会 DFI（统一注册非金融企业债务融资工具）资质，成为 2017 年首家获得 DFI 注册资质的发行企业。2019 年，由中国节能独立研发的首个 ESG 主题类环境风险数据产品完成了全球首发。

4. 探索生态产品价值实现创新：助力绿水青山成为金山银山

中国节能积极践行"绿水青山就是金山银山"的发展理念，在帮助地方政府挖掘生态资源价值方面开展了大量卓有成效的实践。下属新时代集团针对我国传统的松、竹、梅等资源，研发生产松花粉、竹康宁等四大类 150 余种生态健康产品，形成科技含量高、文化品位高、经济附加值高的完整绿色生态产业链，初步探索出一条"生态资源种植—采集和初加工—有效利用—价值实现—回馈社会"的生态健康产业发展及扶贫道路，实现了经济、社会、生态效益的和谐统一与良性循环。2020 年7 月，中国节能专门设立了生态产品发展研究中心，加挂绿色发展研究院牌子，深入开展相关研究，重点探索建立政府主导、企业主体、市场化运作、可持续的生态产品价值实现机制，从理论和实践上加快探索绿水青山向金山银山的转化。

（四）践行中央企业社会责任，做绿色低碳发展理念的传播者

自成立以来，中国节能始终将自身发展与国家富强、民族富裕、人民幸福紧密联系在一起，坚定不移地履行中央企业的政治责任、经济责任、社会责任和环境责任，积极开展产业绿色扶贫，深入进行节能环保科普教育宣传，倡导简约适度、绿色低碳的生活方式，推动培育节约能源资源、爱护生态环境的文化氛围，汇聚保护地球家园的点滴努力和强大力量。

1. 绿色低碳发展的义务宣传员

环境教育，希望无限。多年来，中国节能始终将环境教育与社会公益活动作为倡导绿色生活、促进低碳社会进步的重要手段，积极推动节能环保设施开放，建设重点节能环保公益宣传基地 50 余家，每年接待数十万人参观学习。在节能环保相关节日，中国节能还主动走入校园、社

区，以知识和技术启发学生和社会群众，开展了包括"节能宣传周""全国低碳日""世界环境日"等一系列主题宣传活动，推广全民节能、低碳宣传教育，传播绿色发展理念。

2."让美丽与希望同行"：绿色扶贫的领路人

在全面建成小康社会的宏伟征途上，中国节能坚决贯彻落实习近平总书记重要指示精神，立足贫困地区禀赋资源，利用自身产业和渠道优势，打通贫困地区绿水青山向金山银山转化的路径，助力建设"青山常在、绿水长流、空气常新、安居乐业"的美丽乡村。截至目前，中国节能在新疆、青海、甘肃、河北等地投资建设风电项目 37 个、光伏发电项目 35 个，累计在贫困地区进行产业投资 200 多亿元，有力地维护了当地的绿色生态，巩固了可持续发展根基；在江苏宿迁、山东烟台栖霞等地建设的生物质热电项目，在实现低碳环保与资源综合利用的同时，促进农民增收，成为以电力工业反哺农业生产的优秀案例。

3.百年信物，一面旗帜

2020 年，新冠肺炎疫情突然来袭，武汉市成为疫情重灾区。受武汉市政府紧急求助，中国节能临危受命、迎难而上，在半个月内完成了武汉市千子山医疗废物应急处置中心的设计、施工、建设任务，创造了"节能奇迹"。在武汉与疫情奋战的 39 天内，中国节能累计处置医疗废物 3 343 t，涉及疫情医疗废物 1 984 t，占武汉疫情医疗废物垃圾处理量的 1/4，为打赢武汉保卫战、湖北保卫战贡献了重要力量。在建党百年之际，这面见证了中国节能在战"疫"中坚守与担当、铸就了中国节能"忠于使命、迎难而上"奉献精神的党团突击队旗帜，作为中国节能的百年信物在中国共产党历史展览馆精彩亮相，成为中国节能精神家园的新高地！

目前，中国节能经过近 40 年的发展，已形成了节能与清洁供能、生态环保、生命健康三大主业，绿色建筑、绿色新材料、绿色工程服务三大业务和强大战略支持能力的"3+3+1"产业格局，成为我国节能环保领域的旗舰企业，地方环境、跨区域治理综合解决方案的推动者、引领者和节能环保领域的"智库"。截至 2021 年 6 月底，中国节能拥有下属企业 700 余家，其中上市公司 7 家，业务分布在国内各省市及境外约 110 个国家和地区，资产规模和营业收入分别达到 2 597.3 亿元和 244.0 亿元，较 2012 年同期资产增长 1 902.7 亿元（同比增幅 273.9%），营收较同期增长 90.7 亿元（增幅 59.2%）。开发运营绿色园区 49 个，绿色建筑面积达 374.36 万 m^2，运营供能能源站已达 44 座，实际供能面积增至 1 720 万 m^2；累计生产绿色电力 811 亿 $kW \cdot h$，相当于减排二氧化碳 6 254 万 t，节约标准煤 2 509 万 t；累计处理固体废物 6 389 万 t，日处理能力达到 10 万 t；累计处理污水 52 亿 t，制供水 44 亿 t，COD 总削减量达 114 万 t，水日处理规模达 1 300 万 t；烟气治理建成项目的脱硫能力为 2 310 万 t/a、脱硝能力为 550 万 t/a。中国节能在国内率先开发了生物质直燃发电、生物质制天然气等业务，年生产生物天然气 1 178 万 m^3、有机肥料约 10 万 t；在多地开展生态环境修复及土地复垦等项目，实现绿化面积约为 22 万亩。根据国家现行自愿减排方法学，"十三五"期间累计减排超过 7 000 万 t，持续为社会减碳作出积极贡献。在服务国家生态文明建设、引领节能环保产业发展的同时，中国节能整体实力也实现了巨大提升，步入高质量发展新阶段。

发展阶段：勇挑实现碳达峰、碳中和目标的时代重任

习近平总书记指出，"十四五"时期，我国生态文明建设进入了以降

碳为重点战略方向、推动减污降碳协同增效、促进经济社会发展全面绿色转型、实现生态环境质量改善由量变到质变的关键时期。"双碳"目标是我国对国际社会的庄严承诺，是党中央经过深思熟虑作出的重大决策，关系中华民族永续发展和构建人类命运共同体大业。习近平总书记同时强调，实现碳达峰、碳中和是一场广泛而深刻的经济社会变革，绝不是轻轻松松就能实现的。与欧美发达国家相比，我国在当前相对较低的发展水平条件下实现碳达峰、碳中和目标面临着前所未有的多重挑战。一是我国碳排放总量大，碳达峰到碳中和的缓冲时间短；二是我国经济产业结构中第二产业比重偏高，导致我国工业和制造业单位增加值能耗高，对能源消费需求量大，经济结构调整和产业升级任务艰巨；三是当前我国的能源结构仍以高碳的化石能源为主，煤炭占主导地位；四是我国单位 GDP 能耗水平与发达国家相比仍然较高；五是我国正处于经济由高速增长阶段转向高质量发展阶段，需要兼顾能源低碳转型和经济结构转型，统筹考虑控制碳排放和发展社会经济的矛盾；六是我国绿色低碳技术创新能力不足，一些领域的关键技术还受制于人。

碳达峰、碳中和目标的提出将我国的绿色发展提升到新的高度，对全社会提出了新的思考，对节能环保产业提出了新的要求，也赋予了中国节能新的使命和责任。中国节能在多年实践的基础上，深入研究、提前谋划、率先垂范，将自身发展与国家生态文明建设和"双碳"目标实现紧密结合，并对未来发展作出前瞻性、系统性的战略部署。

一、闻令而动、迅速响应，发挥中央企业引领作用

在节能环保领域深耕数十年，中国节能在节能降碳顶层设计、路径

规划、技术储备等方面积累了丰富经验。碳达峰、碳中和目标提出后，中国节能迅速成立碳达峰碳中和事业部、碳达峰碳中和研究院，深入开展相关研究，率先启动有关行动，充分发挥中央企业引领作用，自觉扛起助力"双碳"目标实现重任，努力在中央企业和地方区域的碳达峰、碳中和目标实现中发挥积极作用。

（一）聚焦气候变化相关研究

中国节能承担着中国环境科学学会气候投融资专委会秘书处工作，先后协助国家开展了包括"推动气候投融资发展政策研究""支持二氧化碳达峰气候投融资政策研究""国家自主贡献重点项目评估标准研究""气候项目绩效评估指标体系研究"等大量具有前瞻性、引领性的课题研究工作，并多年承担《国家重点节能技术推广目录》、《国家重点推广的低碳技术目录》和《绿色技术推广目录》的编制、评审工作。多年来，系统梳理了国内外气候政策，结合我国发展需求，提出我国在应对气候变化的降碳行动中需建立完善的投融资体系、绩效评价机制和技术布局，有效推动了先进节能低碳技术、产品及装备在全社会各领域的应用，对实现碳达峰、碳中和目标具有巨大的指导意义和参考价值。

（二）打造中央企业"双碳"样板

作为国资委"中央企业节能减排监测中心"及工业和信息化部"工业企业节能减排信息中心"，在"双碳"行动中，中国节能率先摸清管好"自身家底"。为全面掌握自身碳资产情况，早在"十三五"时期，中国节能就定期组织对全系统700余家子公司开展全面碳盘查，通过梳理温室气体排放清单和强度，分析碳排放特点和趋势，进一步加强对公司碳排放的管理，提升碳资产管理与开发能力，为运营设施向绿色低碳转型、积极参与国内碳交易市场奠定基础，同时也为中低排放型企业更好地实现节能低碳、绿色发展提供示范与借鉴。在全面碳排查的基础上，中国节能积极制定自身的碳达峰实施方案，提出力争在 2028 年实现达峰、分三步实现碳中和的目标和举措，逐步推进运营零碳排放、供应链减排，构建碳资产智慧化管理体系，打造中央企业实现碳达峰、碳中和的样板工程。

（三）提高"双碳"智力支撑

2020 年以来，受国务院国资委委托，中国节能积极开展了"中央企业碳达峰、碳中和路径研究""中央企业应对'双碳'目标研究"，综合行业发展需求、产业链间关系、生产力布局和产业结构等因素，厘清企业"双碳"目标和实施路径，为全国各行业梯次实现碳达峰目标提供示范。

作为全国政治经济文化中心，北京在"双碳"方面的作为备受关注。2021 年，中国节能与北京市西城、房山、密云等多个区开展密切合作，并根据各区战略定位、发展水平和资源禀赋，分别编制了《北京市西城区碳中和实施方案》《房山区碳排放达峰目标与行动路径研究工作方案》《密云区生态文明典范之区建设考核体系构建项目》等，系统谋划首都作为"首善之区"实现碳达峰、碳中和目标的路径设计。在此基础上，中国节能陆续与西安市西咸新区、福建省莆田市合作，并与山西省汾阳市、湖南省涟源市、新疆维吾尔自治区的多个地市达成意向，编制碳达峰、碳中和行动方案，引领其他省份统筹推进"全国一盘棋"，开展"双碳"工作。

为提升对碳达峰、碳中和贡献力度和智力供给，中国节能将"双碳"作为"十四五"时期的工作重点，编制了"十四五"战略规划，把不断提升推动国家碳中和目标实现的咨询规划和资源统筹能力作为重点工程，并积极在业务布局、实践行动、制度管理和标准体系等方面开展相关工作。

二、系统谋划、全面部署，绘就"双碳"目标实现战略蓝图

（一）绘就"双碳"发展蓝图

为系统性解决"双碳"领域相关问题，在"十四五"期间，中国节能根据承担国家重大战略任务的使命担当及自身发展需要，勇挑时代重任，提出要着力建设节能环保健康领域具有国际竞争力的世界一流企业，努力成为习近平生态文明思想的坚定践行者、实现国家碳达峰和碳中和目标的积极贡献者、绿色"一带一路"和国家重大区域绿色发展的重要参与者、节能环保产业链的领导者及核心价值创造者、绿色科技创新的推动者、员工美好生活的创造者的战略发展目标。

（二）明确战略实施路径

"十四五"期间，中国节能明确了"12345678"的战略路径，即把"推动集团高质量发展"作为一条核心主线，通过开展"行业对标竞争"和"差异化升维竞争"两种竞争，锚定2025年实现营业收入1 000亿元、利润总额100亿元、2035年建成世界一流节能环保健康产业集团三个目标，着力推动专业化、数字化、平台化、国际化四化驱动，实施科技创新能力提升工程、碳达峰和碳中和能力提升工程、综合解决方案能力提升工程、平台化数字化赋能工程、国际化经营延伸工程五大工程，坚持聚焦主业、改革创新、有进有退、效益优先、以人为本、开放共享六项原则，发展壮大七项业务——做强做优节能与清洁供能传统主业、做优做大生态环保核心主业、做精做优生命健康战略机遇产业、做美做优绿色建筑平台业务、做强做优绿色新材料业务、做专做优绿色工程服务业

务、全面提升战略支持能力，夯实高质量党建、全面深化改革、高新管控体系、高素质人才队伍、高水平资本运营、高价值品牌建设、高适用信息化管理体系、高标准安全生产和环保排放八项保障。

三、实施重点工程，助力"双碳"目标实现

"十四五"期间，中国节能将实施"推动国家碳达峰、碳中和目标实现的咨询规划和资源统筹能力"提升工程，进一步打造中国节能竞争优势及核心竞争力，增强对国家碳达峰、碳中和愿景实现和生态文明建设的影响力、引领力、贡献力。

（一）构建服务国家碳达峰、碳中和战略的"双驱动"业务布局

一方面，中国节能将进一步优化"零碳"产业布局，持续提升清洁能源开发利用规模，大力发展生物资源化利用，强化区域能源供热和综合能源服务能力，前瞻性研究绿色制氢及氢能应用技术，聚焦公共建筑、工业园区、新基建等高耗能场景，开展零碳能源替代产品与服务创新，形成面向区域内建筑、工业和交通的零碳能源替代解决方案。另一方面，将领先布局负碳技术服务，加快节能服务技术升级与创新，着力发展基于数字化技术的高碳及高能耗行业节能与能效服务；联合国家部委、顶尖研究机构开展负碳技术研发与示范，依托生物质资源化利用、固体废物处置和生态修复等主业业务，探索结合 CCUS 技术、森林碳汇开发、有机质综合利用增加土壤碳汇等生态系统碳汇技术解决方案，打造国内领先的面向区域碳达峰、碳中和的负碳技术服务能力。

（二）积极引领中央企业碳达峰、碳中和行动

中国节能将进一步发挥中央企业碳中和样板带动作用，探索建设

"零碳城区""零碳园区""零碳建筑""零碳工厂""零碳产品"等示范工程，积极争取纳入国家低碳、零碳园区示范试点。同时，加快完善企业碳排放信息披露体系，推动气候投融资国际合作，引领中央企业碳达峰、碳中和自主承诺行动，助力国资委建立中央企业碳达峰、碳中和制度体系，引导中央企业开展气候友好型企业评价，设立中央企业气候投融资项目清单，探索中低排放企业碳达峰、碳中和路径，提升中国节能在中央企业碳中和领域的政策影响力。

（三）率先建立企业碳达峰、碳中和管理制度，引领企业"零碳"示范

中国节能充分发挥中央企业的引领作用，率先建立自身的碳达峰、碳中和组织体系、工作机制和管理制度，制定中国节能碳中和路线图与任务清单。通过加强企业碳排放管理，围绕主要用能子公司和业务，持续挖掘自身碳减排潜力。强化涉碳风险预测与防范能力，逐步引入内部碳价制度，降低投资碳强度，管理长期气候风险。提升碳资产管理与开发能力，加快碳核查统计、碳资产开发、碳排放交易等碳资产管理能力建设，围绕光伏发电与风电电站运营、生物质能源化利用、固体废物处置和工业余能利用等主业的优质项目，打包开发碳资产、挖掘碳信用潜力，拓展融资渠道。以负碳技术应用示范和 CCER 开发，实现建筑用能、交通用能的排放抵扣，逐步实现中国节能的净零排放。

（四）加强碳达峰、碳中和标准与智力供给能力，打造国际"碳中和"影响力

中国节能将不断强化涉碳政策咨询能力，积极参与国家碳交易市场建设、重点行业和区域碳达峰路径制定、企业碳达峰和碳中和方法学研究及气候投融资制度体系设计。积极推动节能和清洁供能、生态环保等主业领域的碳中和行业、团体和国际标准体系建设,努力在部分细分领域成为国际标准规划的主导者,打造碳中和领域的国际影响力。

"十四五"期间,中国节能还将实施"平台化和数字化转型"赋能工程,将平台化和数字化模式创新作为助力实现碳达峰和碳中和、带动产业升级与革新的重要驱动力,通过加快推进产业数字化创新,建立国家级生态环保大数据平台,链接内外资源和利益群体,聚焦区域环境治理痛点,精准匹配供给需求,提升生态资源配置效率,构建能源节约、环境保护及生态价值实现等一体化的绿色生态商业体系,实现生态保护和环境治理的最省项目投入、最强专家支持、最佳技术组合、最优资源撮合、最智方案设计,推动产业整体价值提升,全面赋能碳达峰、碳中和目标实现。

当前,世界正经历百年未有之大变局。党的十九届五中全会通过的"十四五"规划和2035年远景目标擘画了中国未来发展蓝图,为经济社会发展把脉定向、指路领航。立足新发展阶段、贯彻新发展理念、构建新发展格局,推动高质量发展,中国正在意气风发向着全面建成社会主义现代化强国的第二个百年奋斗目标迈进。站在两个一百年交汇点,中国节能深感责任重大、使命光荣。胸怀两个大局,勇担时代重任,主动担当作为,中国节能将聚焦节能环保主责主业,努力成为绿色低碳创新发展的引领者,为实现"双碳"目标、推进生态文明建设和建设美丽中国作出积极贡献。

（下）篇

紧扣时代脉搏 汇聚林业智慧
以绿色发展践行生态文明建设的使命担当

"纵观人类文明发展史,生态兴则文明兴,生态衰则文明衰。"中国特色社会主义进入新时代,建设生态文明成为国家战略的重要组成部分。作为我国林业行业的唯一一家中央企业,中林集团敢于担当、主动作为,在多年发展历程中探索前行,为生态绿色创新发展提供了生动实践与有益参考。

林业是生态文明建设的主战场,也是国民经济的基础产业,能否实现高质量发展关系到我国生态文明建设的成败。在"做生态产业领袖、创世界一流企业"这一战略目标的指引下,中林集团不断培育核心优势业务,做大做强森林资源培育与开发利用、种子种苗、生态旅游等林业主业,坚持以生态优先、绿色发展为准则,积极落实国家"双碳"战略,始终聚焦"生态绿色低碳产业"主战场,走出了一条以生态效益、社会效益与经济效益高度统一为追求,以保障国家木材安全、生态安全、物种安全为使命的林业产业高质量发展之路。

"双碳"时代已来临,中林集团深入贯彻党的十九大和十九届二中、三中、四中、五中、六中全会精神,在习近平生态文明思想指引下,坚定不移地践行"绿水青山就是金山银山"理念,以生态优先、绿色发展为引领,汇聚澎湃的林业智慧力量,切实肩负起林业中央企业的使命和担当。

一、应需而生，在改革开放中播下绿色发展的种子

高楼万丈平地起，古树千年幼苗成！改革开放40多年来，中林集团不断发展壮大，顺应时势、把握机遇、攻坚克难，从一家资源短缺、历史包袱沉重、经营困难的传统国有企业稳步成长为理念先进、治理规范、引领行业的新型国有企业。

2020年9月，习近平主席在第七十五届联合国大会一般性辩论上的讲话中宣告，中国力争2030年前二氧化碳排放达到峰值，努力争取2060年前实现碳中和。随后，在党的十九届五中全会、中央经济工作会议、全国两会等一系列重要会议上党中央对碳达峰、碳中和工作作出部署，明确基本思路和主要举措。在新的发展阶段，在良好的生态环境基础上探索产业路径、创新产业模式、发展具有中国特色的生态经济已成为全民共识，我国生态产业正迎来快速发展的窗口期和机遇期。中林集团作为国务院国资委管理的唯一一家林业中央企业，积极主动贯彻落实习近平生态文明思想，探索以生态优先、绿色发展为导向的高质量发展新路子，将企业的改革发展融入党和国家发展大局，秉持习近平总书记"绿水青山就是金山银山"的发展理念和生态效益、经济效益、社会效益相统一的原则，坚持走"产业生态化、生态产业化"的发展道路，为推动实现碳达峰、碳中和战略目标作出了突出贡献。

（一）顺时应势，从绿色长城项目中艰难起步

中林集团在对外开放中诞生、在改革中成长，成立之初就具有绿色基因。

1979年11月7日，国家农委根据林业部申请，批复批准成立中国林业进出口总公司，这是中林集团最早的历史追溯。1982年10月，经贸

部、林业部组建中国林业对外工程公司，以承担利比亚的绿色长城项目（即在沿地中海营造长 320 千米、宽 5 千米的森林带）。1983 年 2 月，国务院批复同意申请。1984 年 2 月，中国林业对外工程公司正式登记，这是中林集团在"血缘"上的真正前身。1984 年，原国家计委、外经贸部批准成立巴西华西木材工商股份有限公司（隶属于中国林业对外工程公司），收购了巴西最大的木材企业之一——马纳萨公司出售的两个工厂。1985 年，为了更好地适应对外开放的形势与需求，国内承担对外工程的公司纷纷更名。当年 1 月，经外经贸部批准，中国林业对外工程公司更名为中国林业国际合作公司。1995 年 10 月，时任国务院副总理李岚清访问加蓬共和国，并与之签订援助框架协议。其中，原林业部将其负责的森林开发项目交由中林集团承担。1997 年 4 月，中林集团在加蓬首都与加蓬成立合资公司——华嘉木业股份公司，我方占股 75%、加方占股 25%。这是我国在非洲最大的森林资源开发项目，为中林集团扩大实施"走出去"战略奠定了坚实基础。1978 年，党的十一届三中全会召开，开启了我国国有企业改革的宏大序幕。经历了 1978—1992 年的探索阶段后，国企改革进入了制度创新阶段。1996 年 10 月，经经贸委批准，以中国林业国际合作公司为核心企业，连同中国林业物资供销总公司、中国林产品经销公司、中国林木种子公司、中林进出口有限公司、森林国际旅行社、中林食品药材开发公司、北京（国家）木材交易市场共同组建"中林实业开发集团"。同年 11 月，经国家工商局同意，企业名称变更为"中国林业国际合作集团公司"。1999 年 1 月，遵照党中央、国务院关于党政机关与所办经济实体脱钩的战略部署，国家林业局将中国林业国际合作集团公司交由中央管理，同时将中国林产工业公司、中国国营林场开发总公司、中国金龙松香集团公司并入中国林业国际合作集团公司。自此，集林产品生产、加工和贸易于一体的综合性林业企业正式成型。

（二）攻坚克难，在疾风骤雨中茁壮成长

1999 年初，中林集团脱离部委怀抱，迈开了搏击市场风浪的步伐。初出襁褓的中林集团底子薄、基础弱、自有资金不足，总资产和净资产分别只有 21.37 亿元、6.23 亿元。9 家成员企业分布于不同的产业链，发展水平参差不齐。除了少数几家，其余企业经营非常困难，长期处于原地踏步状态。同时，林业产业面临着多重挑战。第一，缺乏核心竞争力。林业产业是典型的劳动密集型产业，技术含量非常低，主要为市场提供木材、板材等粗加工产品。由于产业准入门槛低，市场竞争异常激烈。在这种情况下，林业产业处于生态恶劣的粗放式发展阶段。林业企业大多属于"小散乱污"型企业，较少提供精深加工产品，缺乏维持长期生存和发展壮大的核心竞争力。第二，制约因素多。1998 年，长江流域和东北地区发生两次特大洪灾。洪灾与沙尘暴等恶劣天气让人们品尝到了生态破坏的恶果。洪水退去后，党中央和国务院提出全面停止长江、黄河流域中上游的天然林采伐，天然林资源保护试点工程正式启动。随后，我国通过采取"停、减、管、造"及政策扶持、财政补助等措施，逐步加强对天然林的保护与生态环境的修复，林业产业受到的规制和约束不断增强。这一时期，林业的战略定位并不明确，内外交困的林业企业面临着何去何从的艰难选择。

市场中的风险与机遇无处不在，谁能独占鳌头而不倒？身为中央企业的中林集团不甘坐以待毙，主动调整业务结构与布局，积极适应和响应国家发展战略，奋发有为，彰显中林本色。一是加大以森林资源培育为主体的基础资源建设力度，通过管好现有林、扩大人造林等方式建设

速生丰产林基地；二是坚持"走出去"战略，积极拓展新西兰、加蓬、巴西、缅甸、俄罗斯等境外森林资源开发项目，扩大对国外森林资源的占有规模和影响力；三是探索"绿水青山就是金山银山"的发展路径，开发生态、康养等特色旅游项目，大力发展森林旅游产业；四是做强种子种苗、林化产品、木片、木材、花卉等林产品的加工与贸易。通过这些举措，中林集团产业基础进一步夯实，市场影响力进一步扩大。

（三）乘风破浪，在生态绿色低碳的大潮中扬帆起航

党的十八大将生态文明建设纳入中国特色社会主义事业"五位一体"总体布局，党的十九大报告首次从理念到思路、从目标到制度对生态文明建设进行全面论述和系统规划，国家对林业的重视程度前所未有，新时代、新机遇与新挑战迎面而来。

明方向，推动战略转型。历史一再证明，能否发现机遇、抓住机遇，决定着是否能够赢得主动、赢得未来。当前我国生态文明建设进入关键期、攻坚期和窗口期，中央企业必须坚持党的全面领导，以强烈的大局意识、机遇意识和发展意识，主动融入国家发展战略。进入生态文明新时代，为了确保经济社会全面绿色转型，必须把生态文明建设融入经济建设各方面和全过程，坚持节约优先、保护优先、生态修复为主，着力发展生态产业、生态技术，供给良好生态环境、生态产品，推进绿色发展、创新发展、循环发展、低碳发展，形成节约资源和保护环境的空间格局、产业结构、生产方式、生活方式，从源头扭转生态环境恶化趋势，为人民创造良好的生产、生活环境，为全球生态安全作出贡献。

中林集团瞄准"培育具有全球竞争力的世界一流企业"目标，积极深化改革创新，探索高质量发展之路，围绕林业产业全生命周期经营布局，围绕林业资本化、数字化、科技化、生态化发展转型，明确发展战略，形成了"六大转型"理念，用实际行动书写了"生态优先、绿色发展"的"中林故事"，展现了"质量第一、效率领先"的"中林速度"。

调结构，筑牢产业基础。2012年以前，受制于中国林业产业长期的粗放式发展，中林集团始终在产业链和价值链低端徘徊，资产规模小，主营业务实力不强，一度陷入了改革发展困局。通过几年的发展，中林集团临危不惧，疫情之下逆势而生，实现全面增长。

中林集团把发展立足点转到提高质量效益上来，不断优化产业布局，积极调整产业结构，按照"沿江、沿边、沿海"的经营策略，通过港口和产业园区提升贸易业务的质量，实现了延伸产业链、打通供应链、提升价值链的良性发展模式。同时，不断培育核心优势业务，推动发展战略高质量落地。2020年，中林集团固定资产类完成投资额12.7亿元，占比增至25.4%，非主业投资项目为0；发挥考核指挥棒作用，将抚林造林面积、收储林地面积等指标纳入子公司经营业绩考核，当年共新增境内林地约406万亩、境外林地约110万亩，主责主业更加聚焦。

稳增长，提升综合实力。2020年，受世界经济衰退和新冠肺炎疫情的影响，贸易和投资大幅萎缩，国内木材价格剧烈波动，国际国内物流不畅且成本上升，对中林集团各项业务造成了较大的冲击。面对严峻的形势，中林集团坚持稳中求进的工作总基调，一手抓疫情防控，一手抓生产经营，想方设法复工复产，积极扩大经营成果，实现了各项经营指标平稳增长。在新冠肺炎疫情蔓延初期，中林集团第一时间成立疫情防控工作领导小组，迅速形成全面动员、全面部署、全面防控的工作局面，行动快、管控实，所属境内外企业员工无一人感染。2020年3月底就实现了全级次企业复工复产，全力以赴做好"六稳"工作、落实"六保"

任务。加大境外森林资源开发及木材进口力度，保障了国内木材产业链、供应链的稳定；积极争取政府政策支持，帮助入驻园区的中小企业纾困解难，如九江华中国际木业城帮扶 68 家企业获得流动资金贷款 1.5 亿元。随着综合实力的大幅提升，中林集团主体信用评级由 AA+ 上调至最高级别 AAA，在资本市场的认可度进一步提高。

二、审时度势，筑牢高质量绿色低碳发展的基石

（一）思想先行，为绿色创新发展奠定根基

习近平总书记在 2016 年全国国有企业党的建设工作会议上指出："坚持党的领导、加强党的建设，是我国国有企业的光荣传统，是国有企业的'根'和'魂'，是我国国有企业的独特优势。"中林集团党委紧紧围绕"强根铸魂"这个关键核心，不断夯实党建工作基础，强化责任落实，始终把坚持党的领导贯穿到企业生产经营的全方位、全过程，努力发挥党组织的领导核心和政治核心作用，实现了企业党建和生产经营"两手抓、两不误、两促进"。

弘扬"塞罕坝精神"，建设美丽中国。中林集团雷州林业局有限公司承担着中林集团森林培育战略板块的重要建设任务。习近平总书记"要像爱护眼睛一样爱护生态环境，像对待生命一样对待生态环境"这句话已经深深刻进了"雷林人"的心里，成为引领他们续写绿色传奇的自觉行动。几十年来，几代"雷林人"心怀"把林当稻种，把树当儿养"的营林理念，学习塞罕坝、对标塞罕坝，以"塞罕坝精神"激励奋勇前行，打造出一支艰苦奋斗、敢于拼搏、无私奉献的绿色忠诚卫士。在集团公司坚强领导和发展战略的指引下，"雷林人"坚持党建引领发展，推行科技兴

林战略，把老一辈留下的绿水青山变成了金山银山，众志造林数十载，万亩桉林展新颜。66 年间，雷林实现了林木蓄积量从 0 到 300 万 m^3、桉树苗品种从"雷林 1 号桉"到"雷林 39 号桉"、桉林轮伐期从十多年缩短至 4 ~ 5 年的巨大飞跃，目前拥有林地面积 78 万亩，把业绩写在了美丽的中国大地上！

在黑土地上打造"中林速度"。位于黑龙江省东南部的绥芬河市与俄罗斯远东最发达的滨海边疆区接壤，被誉为连接东北亚和走向亚太地区的"黄金通道"。中林集团作为第一家进驻绥芬河的中央企业，投资建设的国林木业城项目（图 11）承载着黑龙江林业人多年的希望，也寄托着中林人的梦想。2014 年 3 月，绥芬河土建工程开始施工，三月的绥芬河气温为 -11℃ ~ 1℃，为确保施工顺利、安全开展，国林木业城将党组织建到项目上，领导干部率先垂范，带领工程部全体人员每天坚持 8 小时不离开工地现场，一天喝不上一口热水，几乎没有休息日。在办公条件十分简陋、气候环境极端恶劣的情况下，这支平均年龄不足 30 岁的年轻团队，在项目建设中取得了一项又一项骄人成绩，创造了当年开工、当年运营、当年盈利的奇迹，被各界称为"中林速度"。

图 11　绥芬河国林木业城项目

让党旗在船头高高飘扬。水是生之源，鱼是水之灵，在杭州千岛湖，护渔就是护水。千岛湖80万亩水面，地形复杂，这使保鱼护渔任务异常繁重。护渔人员经常在黑夜中翻山越岭跟踪线索，蹲守草丛查案取证。彻夜蹲点不能说话、打灯，夏夜要忍受蚊虫蛇蚁叮咬，冬夜要忍受湿冷刺骨寒风，还有当地部分渔民对护渔工作不理解，暴力抗法时有发生。在这样异常艰辛的工作条件下，中林集团所属杭州千岛湖发展集团有限公司（以下简称千发集团）创新开展"党建＋"模式，将支部建在船头、田埂、堤坝，成立党员突击队，面对挫折和困境，决不退缩，迎难而上，用阳光、实干、高效为中林事业的创新发展贡献了青春、智慧和力量。

正如伏尔泰所说：不是事业为了思想，而是思想为了事业。要开创一番伟大事业，首先要有做好相应的思想准备。正是在先进思想和新发展理念的指引下，中林集团方能从迷茫走向从容，从低效益、粗放型发展转为高质量、集约型发展。

（二）牢记使命，为生态绿色低碳发展凝聚共识

明确生态建设中林业的重要地位。中国共产党对生态文明建设的认知有一个清晰的演进路径，保持了理念深化的连续性和政策制定的连贯性，并最终形成了习近平生态文明思想。习近平生态文明思想科学完备地体现了党对生态文明建设的系统论述和治国部署，体现了中国特色社会主义生态观，这是进入新时代的中国社会发展新阶段的迫切需要，也是对当今世界绿色发展主流趋势的理性认知。作为重要的公益事业和基础产业，林业承担着生态建设和林产品供给的重要任务，《中共中央国务院关于加快林业发展的决定》中明确指出，在生态建设中，要赋予林业以首要地位。

牢记中央企业高质量发展的重要使命。探索以生态优先、绿色发展

为导向的高质量发展新路子已经成为农林类中央企业实现跨越式发展，争创世界一流的必然选择。中林集团深刻理解发展健全产业生态化和生态产业化为主体的生态经济体系的重要政治属性，同时也清醒认知到，要充分有效发挥国有企业的市场主导作用和行为示范效应，发展生态产业不仅仅是企业自身发展需求，更是党和国家赋予的重要使命。中林集团广大干部职工越来越深刻的认识到，"绿水青山就是金山银山"作为习近平生态文明思想的核心理念，是指导企业发展生态产业的重要理论基础和行动指南。2018 年，中林集团召开战略研讨会，将企业的战略目标确定为"做生态产业领袖，创世界一流企业"，实现包括"传统林业向生态产业、深耕国内向布局全球、投资拉动向创新驱动"在内的六个转变。在这一战略引领下，中林集团坚持生态优先、绿色发展思路，在生态产业化创新的道路上不断探索前行，加快发展步伐，逐步形成了生态产业各板块的业务模式基础。

凝聚生态绿色低碳的战略共识。中林集团成立前后，国内外经济社会形势风云变幻，转变发展方式、调整产业结构等成为必然趋势。为保护生态环境所实行的禁止天然林商业性采伐政策对林业造成了直接冲击。中林集团从思想层面着手应对挑战，为实现跨越式发展奠定了扎实基础。解放思想和思想创新，是推动创新的基础。在与原主管行政部门脱钩后，中林集团面临底子薄、资源少、林业产品附加值不高、林业从业人员素质低等多重困难，首先要在思想上解决"为谁干"和"怎么干"的问题。2013 年 9 月，以党的群众路线教育实践活动为契机，围绕集团发展战略和总目标，中林集团领导层在全集团范围内开展了为期一个月的"解放思想、推动发展大讨论"，发动全体成员为落实"经营翻番、收入倍增"总目标建言献策。这种集团式的头脑风暴活动效果显著，整个集团对自身战略定位、实施资源扩张战略、占有资源理念、发展主业与经营多元化、资源配置等问题有了更高水平的认识，并就今后的战略发展达成很多共识，逐步形成了以"一个目标""两个定位""三大产业链""四个经营理念""五个战略支撑"为主要内容的"一二三四五"系统战略思维。各级领导干部战略思维、战略决策能力显著提升，战略引领作用不断加强。

（三）坚守主业，"一条鱼的供给侧结构性改革"

千岛湖常年保持一类水体，盛产114种经济鱼类，是浙江省淡水鱼的主要生产基地。千岛湖淳鱼不需人工喂养，经过7年全湖区自然状态生长才能捕捞。这就决定了千岛湖淳鱼的高贵品质：纯生态、无污染、无泥腥味、口味醇正、味道鲜美、蛋白质含量高、富含17种氨基酸，尤其是人体所需的8种氨基酸含量更高，具有降低胆固醇、增进智力、益胃益气之功效，有着极高的营养价值。2000年，千发集团带领千岛湖淳鱼获得有机认证后一炮走红，成为中国第一条有机鱼。千岛湖被命名为"中国有机鱼之乡"。千发集团在发展渔业过程中打造了"一条价值最完整的鱼"，进行了"鱼儿的供给侧改革"。

淳安县地处浙江省西部，集山区、库区、老区于一体，特色极其鲜明。千岛湖的形成曾经使当地人民付出了沉重代价。原淳安、遂安两县的两座古城和30万亩良田淹没水底，工业基础归零，基础设施基本损失殆尽。淳安县的经济结构发生了巨变，"八山半水分半田"成为淳安的基本县情。有29万人移居他乡，8万人就地后靠安置，移民生活困苦煎熬，甚至还出现过因饥饿、疾病、迁徙致死的事件。淳安县由建库前的甲等富裕县变成建库后的贫困县，经济发展直到1977年才勉强恢复到1958年的水平。在淳安，下姜村很有名，这是因为"穷"——有这样一句民谣：

"土墙房、半年粮，有女不嫁下姜郎。"2003 年 4 月，时任浙江省委书记习近平辗转来到淳安县，从淳安县城颠簸 60 多公里的"搓板路"，又坐半小时轮渡，再绕 100 多个盘山弯道才到了村里，从杭州到下姜村足足要 6 个多小时，这就是淳安当时的交通现状。

曾经，千岛湖大量养殖银鱼、鲈鱼、鳜鱼等名贵鱼种，鲢鳙鱼数量急剧减少，导致蓝藻过度繁殖造成"水华"，引发大型水质问题。实践中，千发集团以普通的鲢鳙鱼为基础，以保水为前提，通过鲢鳙鱼滤食水中浮游生物将水中的氮、磷等营养物质转化为鱼体蛋白质，同时通过科学合理的鱼货捕捞将其带出水体，有效提高了水体的生物自净能力，最终实现了经济发展与环境保护的统一。通过深度探索"一条鱼的供给侧结构性改革"，形成了集"养殖、管护、捕捞、销售、加工、烹饪、旅游、科研、文创"于一体的完整产业链。为适应消费者多样化需求，千发集团借鉴庖丁解牛的方式进行"庖丁解鱼"：将一条鱼切割为 14 个部位。经过道道标准化的细致分割，千岛湖淳牌有机鱼就变成了淳鱼美食——鱼头成为"秀水砂锅鱼头"，鱼泡成为"秀水鱼鳔"，鱼块变成"淳牌东坡鱼"，鱼尾变成"群鱼献花"，就连鱼皮都被做成了"香菜鱼皮"等。一场与有机鱼最亲密的接触，使寸鱼成"金"，完成了一条鱼的生态价值全体现。

"保水渔业"开创了一条生态优先、绿色发展的新路子，时任浙江省委书记习近平同志曾给予高度赞誉。因其生态效益显著，原国家环境保护总局还为其颁发了环境保护科技成果奖。20 余年来，"保水渔业"健康发展。现在的千岛湖已经成为国家一级饮用水水源保护区、农夫山泉的主要水源地，被社会各界誉为"千岛湖模式"，为地方经济发展注入了强劲动力。截至目前，淳安县酒店总数为 280 多家，千岛湖鱼味餐馆有

2 000多家，提供了数万人的就业岗位，涉鱼产业规模每年达10亿元左右。"保水渔业"既守住了千岛湖的"绿水青山"，也为当地百姓带来了"金山银山"，成为"绿水青山就是金山银山"理念的生动实践。2018年，"千岛湖模式"作为"绿水青山就是金山银山"理念有效转化的成功案例被中央党校列入生态文明建

图12　"千岛湖模式"成为中央党校生态文明建设教学案例

设的教学材料（图12）。中林集团于同年10月成立"中林两山学院"，不断总结发展、探索实践，谋划"绿水青山就是金山银山"理念更多的科学转化。

（四）转型升级，以全产业链经营助力美丽中国建设

当前，我国生态修复压力和林业资源保护压力双重叠加。环境规制力度不断提高，林业产业必须更好更快地实现高质量发展。中林集团从纵、横两个维度拓展延伸产业链，服务生态文明和美丽中国建设需要。

1. 一根木头的"三链融合"

木材是国民经济发展和人民生活不可或缺的基础原材料，木材安全是国家政治安全、经济安全和生态安全的重要组成部分。14亿人口的大国，木材从哪里来是现实问题。中林集团坚持"走出去"，协调配置全球森林资源保护国家木材安全。近年来，不断扩大进口规模，打破国外木材商的市场垄断，牵头带动中小企业进行对外木材贸易谈判，增强我国企业在国际木材交易中的话语权，为保障国内木材供给、平抑市场价格、

维持市场稳定作出了应有贡献。

有效利用国内外两个市场、两种资源，是确保林业产业高质量发展和生态文明建设战略的基本前提。中林集团根据"海外森林资源控制＋进口渠道控制＋国内平台建设＋服务保障配套"这一思路，依托境外上游木材资源，以国内销售网络和加工物流基地为支撑，打造涵盖森林资源开发、木材及林产品加工贸易、现代物流服务、协作配套加工的木材经营产业链。中林集团在新西兰、俄罗斯等 20 多个国家建有木材生产基地和经营网点。在东北、内蒙古对俄口岸地区，依托百年"中东铁路"和俄罗斯木材贸易模式建立了绥芬河国林木业城和满洲里伊利托物流有限公司，实现一根原木从进口到成品出口的产业链、供应链和资金链的"三链融合"（图 13）。木材全产业链经营既解决了森林禁伐与木材需求之间的矛盾，又有效降低了生产经营成本，提高了经济效益。

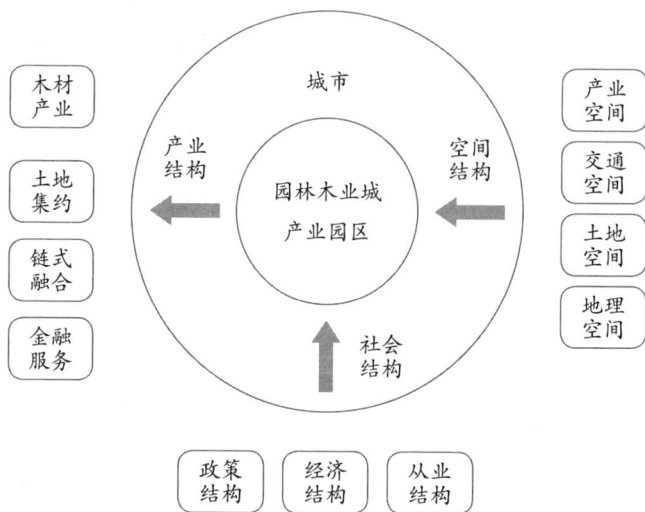

图 13　基于"国林模式"的产城融合

2013 年，中林集团成功购得新西兰 3.2 万 hm² 的林地，并取得香港绿森公司在新西兰所属林地的独家包销权。2014 年，习近平主席在访问新西兰期间，与新西兰总理共同见证了中林集团与国家开发银行同 PF 欧森管理公司战略合作协议的签订仪式，中新两国林业合作发展提升到国家战略合作层面。2020 年，中林集团进口木材 2 200 多万 m³，占全国木材进口量的 20%，境内外可控森林面积近 1 200 万亩，有效强化了我国林业产业发展的资源优势。

2. 产城融合"一城又一城"

产业是城市发展的基础，城市是产业发展的载体，产城融合是国民经济可持续发展的必然要求。

"多运一根木材，当地就少砍伐一棵树"已成为中林集团维护国家木材安全的庄严承诺与自我鞭策。在生态脆弱的青藏高原，中林集团展开"绿色生态行动"，两年向西藏运送板材 9 万 m³，相当于保护了超过 1 400 多 hm² 的天然林。目前，中林集团在 20 多个国家和地区建立了木材生产基地和经营网点，实现了对全球木材产业链、供应链的初步布局和控制。在沿江、沿边、沿海地区规划建设了 10 个重点港口和木材产业园区，打造了集产供销平台、上下游衔接、境内外联动、金融服务于一体的林业全要素综合性服务平台，培育了一大批以木材产业精深加工为重点的产业集群，引领林业产业发展模式实现由资源主导型向自主创新型、经营方式由粗放型向集约型、产业升级由分散扩张向龙头引领的转变。

在江苏省镇江市，中林集团建立了中林镇江生态产业城，紧扣"木"的元素、发挥"港"的优势、做强"产"的规模、促进"城"的兴旺，打造集贸易、仓储、物流、加工、金融服务于一体的林业全产业链集群。其中,中林新民洲港(图14)自2017年3月开港以来,全年完成货物吞吐量230.3万t,木材到货量139.4万 m^3,名列全国木材进口港第9位,一年多的时间走过了太仓港5年和大丰港10年的发展历程。2020年,中林新民洲港克服疫情、汛情等不利影响,到港进口木材海轮128艘次,接卸量突破365万 m^3,跃居中国木材单体港口榜首。按照"沿边、沿江、沿海"的发展思路,中林集团积极推进港口、口岸、园区等综合性服务平台建设,收购控股山东日照临港国际物流有限公司,增资重组如皋港务集团,进一步完善了产业链条关键节点的布局。

图14 新民洲港口项目

3. 生态发展"一村又一村"

进入新时代,人民需求已经由"求生存""盼温饱""要硬化"转为"求生态""盼环保""要绿化"。保护生态环境、提供优质生态产品、增加生态福祉成为林业行业的重要使命,积极发展生态旅游产业成为中林集团履行新时代新使命的重要举措。中林集团坚持人与自然和谐共生的基本原则,逐渐形成了以"嵌入式开发、融入生态"为特征的集林业、旅游业、健康产业为一体的"森林康养"模式，积极打造具有中林特色的"生态旅游、生态产品"品牌布局，产品开发涵盖了千岛湖风景区和云南西双版纳温泉康养文旅项目等在内的合作景区旅游项目，为满足人民日益增长的美好生活需要作出了有益探索。

围绕共同富裕试验区、乡村振兴、美丽中国建设等国家战略，中林集团从区域优势和文化条件出发，打造了杭州千岛湖鳌山渔村（图15）等以村庄为基础的一系列特色生态旅游项目，在实施精准扶贫、带动地区经济发展方面发挥了积极作用。

图 15 美丽乡村项目：杭州千岛湖鳌山渔村

现阶段，中林集团正不断优化资源配置、培育核心优势业务，系统规划以现代林业产业为主体，涵盖森林康养、森林碳汇、生态旅游等多个产业的全产业链布局，将生态效益、社会效益与经济效益高度融合作为发展目标，不断提升林业经济效益、促进地区经济发展、服务生态文明建设。

三、主动作为，在"双碳"目标下汇聚创新发展新动能

（一）坚持创新驱动，为"双碳"目标的实现提供"原动力"

1. 机制创新，壮大绿色发展队伍

我国林业产业有着大而不强的历史发展问题，如何转型升级成为绕不过去的必答题。中林集团通过开展以混合所有制改革为核心的体制机制创新，将更多的市场和社会力量凝聚在一起，逐渐形成了推动我国林业产业向创新发展、绿色发展转型的共同梯队。

中林集团探索发展混合所有制经济，广泛开展与地方国有企业、民营企业、外资企业、机构投资者合作，吸引社会资本投向集团战略领域，使规模效益得到飞速发展，行业影响力、竞争力及实施生态绿色发展的能力进一步增强。

2013 年以来，中林集团先后设立或重组混合所有制企业 74 家，引入民营和其他社会资本 92.71 亿元，国有资本投入混合所有制企业共计 87.45 亿元，混合所有制企业占集团所属企业的六成以上。目前，中林集团聚集了一大批国内林业产业优质民营企业，实现了林业产业资源整合，更是把曾经的竞争对手变为"共享、共赢、共发展"的合作伙伴。面向未来，中林集团将继续积极稳妥地深化混合所有制改革，推动"产业生态化——污水荒山变绿水青山""生态产业化——绿水青山变金山银山"两大战略落地见效，真正发挥林业产业在生态文明建设过程中的中心作用。

2. 模式创新，促进产业绿色低碳发展

能否实现经济效益与生态效益的协调，是走生态绿色发展之路的最大挑战。在确保生态效益的同时，必须着力提升经济效益，最好是实现

生态效益与经济效益的相互转化。中林集团通过模式创新引领林业产业绿色发展，提供了好的解决思路。

　　建于2014年的绥芬河国林木业城（图16），是国家木材储备、加工与交易示范基地项目之一。当时，黑龙江省的主要领导将其定位为黑龙江省最好的标准化产业园区，园区集"产供销平台""上下游衔接""境内外联动""金融服务"于一体的发展模式被称为"国林模式"。

图16　绥芬河国林木业城一期建设

　　以"绥芬河口岸"深化开放，保障国内木材供给。位于东北亚经济圈核心地带的绥芬河是我国东北地区参与国际分工的重要窗口，也是我国"一带一路"建设规划中的重要节点城市。作为中俄边境重要口岸，区位优势使这座边陲小城成为远近闻名的"木业之都"，也是我国最大的进口俄罗斯木材的集散地，曾创下木材全年过货量超600万 m^3 的历史纪录。绥芬河口岸每年进口木材约500万 m^3，极大地弥补了国内天然林全面禁伐造成的市场供给缺口。

　　以"保姆式服务"引领带动，实现企业高效发展。绥芬河国林木业城为入驻企业提供全方位服务，包括原料供应、木材干燥、配套加工、物流仓储、金融服务、电子交易、法律咨询、品牌推广等。此举为企业节省了大量的时间、精力和资金，提高了产量和效率，减轻了企业成本，使其能够专注于业务发展和技术创新。例如，通过更高效地利用园区内集中供应的木材原料，企业的规模经济和范围经济不断凸显。短短几年内，就有多家中小企业成长为规模以上企业。其中，2014 年入驻的奥润木业和君辉木业更是成为我国单板行业的龙头企业。

以"产业集聚"助力地方发展，发挥巨大富民效应。绥芬河国林木业城通过将原来分散在各地的技术含量低、对环境污染严重的"小散乱脏污"企业集中到园区，为其提供集中供热和木材干燥服务，不仅有效减轻了入园企业的人员与成本负担，而且大规模减少了环境污染，通过"共建、共享"，国林木业城实现了多方"共赢"。"国林模式"真正做到了经济效益、社会效益与生态效益的高度统一，成为林业产业高质量发展的典范。

3. 品牌创新，引领产业高质量发展

品牌是市场竞争的基石，也是企业文化的外在表现，更是企业最重要的无形资产，以及核心竞争力的关键组成和综合实力的象征。世界一流企业必须具备一流品牌形象，这是企业实现高质量发展的必然要求。我国林业整体滞后于国民经济发展，80% 以上都是中小企业，经济效益低且缺少品牌意识。以绥芬河国林木业城的入驻企业为例，67% 的企业没有注册工商商标，将近 90% 的企业在品牌打造和市场营销方面的投入不足 20 万元。为此，中林集团将自身的发展理念、管理方式等融入中林品牌之中，并将中林品牌与民营企业合作，通过集中推广和展示促进其发展。围绕创建"中林好山水""中林大家居""中林好食材""中林优种"等品牌体系为发展目标，渐次形成了"冰泉龙湾""中匠""中林红"等产品品

牌、"淳"牌"披云徽宴""千岛湖鱼味馆"等餐饮品牌（图17）、"商量岗""中林·生态城""中林热带雨林野生动物园"等文旅品牌和"中林新民洲港""中林伊利托""国林木业城"等港口物流园区品牌。值得一提的是，所属"双百"企业国林木业城正在积极筹划园区统一品牌，将"国林模式"转化为"国林品牌"，得到了94.59%入驻企业的广泛支持。面向未来，通过充分发挥知名品牌的增值作用和优秀商业模式的示范效应，中林集团的品牌创新将引领更多企业走上生态绿色发展之路，为我国林业产业转型升级提供参考范本。

图17 千岛湖"淳"牌有机鱼

4. 科技创新，培育发展新动能

中林集团始终坚持"创新、协调、绿色、开放、共享"新发展理念，以创新为抓手，驱动林业现代化和中林集团的高质量发展，尤其是不断推进在种子种苗、林木培育和湖泊开发等领域的科技创新工作，对践行习近平生态文明思想、推动"绿水青山就是金山银山"的高质量转化和建设美丽中国具有重大意义。

坚持科技兴林的发展策略。在林木培育领域以桉树良种选育、桉树栽培和桉树灾害防治为主要研究方向。中林集团通过加大对桉树优树选择、桉树杂交育种、桉树无性系测定与中试、保水剂造林技术应用研究、幼林除草和不同造林模式试验等研究的投入，成功防控外来林业有害生物薇甘菊草害、柠檬桉幼林白粉病及桉树幼林青枯病等病害（图18）。研究成果直接服务指导生产面积20万亩，2020年中林集团林木总蓄积量再创历史新高。

图18　桉苗良种选育

着力提升农林产业科技附加值。努力推进种子种苗产业链发展，加快林木种子种苗和农作物种子的品种创新，加强与重点高校、科研院所及院士团队开展科技创新和研发转化等合作，推进产学研深度融合。中林集团自主选育的杂交水稻新品种"荃优220""千乡优220"已通过国家级审定；杂交玉米"中江玉1501"已通过江苏省审定，"中江玉99"已通过淮北审定；参试水稻、玉米、小麦等新品种（系）共计20个，已陆续进入生产试验或报审程序，科技成果转化成效对生产经营的推动作用已逐步显现（图19）。

图19　自主选育杂交水稻

　　积极推进"智慧林业"建设。中林云信（上海）网络技术有限公司运用大数据、区块链、商业智能、5G、物联网等技术手段，研发建设运营"林信宝"木材产业互联网电子商务平台、"绿青智联"木材产业数字化研发中心、"中林智库"木材行业大数据应用智库等新基建项目，完成了1项专利认证、9项著作权申报，以创新思路与新兴技术构建木材产业链的闭环生态圈，赋能木材产业转型升级。

　　聚焦湖泊生态资源综合开发。积极推进"一湖推十湖，十湖带百湖"工程，面向全国湖泊输出千岛湖生态旅游、保水渔业的商业模式和科技理念。中林集团与中国水利水电科学研究院联合在千岛湖挂牌成立了"中国科学院水生生物研究所大水面生态净水渔业研究中心"，针对生态健康养殖技术、保水渔业技术、渔业资源调查与保护技术、鱼货保活保鲜技术、水产品精深加工技术等领域开展了一系列研发创新的实践工作，有关科研成果已转化落地，取得了良好的市场反馈，为集团大水面经营战略路径发展提供了有力的科学支持与技术保障。

（二）做好顶层设计，在"双碳"目标下书写央企使命

1. 加强国家储备林建设，搭建绿色可自生的碳封存复合系统

林业碳汇是国际公认的经济可行、有效应对气候变化的重要措施之一。植树造林作为增加碳汇的主力军，是实现碳中和的重要方法之一。林业涵盖第一、第二、第三产业，集生态、经济、社会功能于一体，特别是其涉及第一产业的森林资源培育和第二产业的木材工业，可以在实现"双碳"目标中发挥重要而独特的作用。

福建省是习近平生态文明思想的重要孕育地和实践地，森林覆盖率达到66.8%，居全国第一，具有优良的林业生产自然条件。中林集团在福建省南平、三明等地区有着良好的政府合作与产业发展基础，正在积极推进福建省国家储备林（以下简称国储林）建设项目。自2021年起，中林集团全面参与福建省综合林业改革，打造林业现代化样本，以更高水平融入生态文明战略。中林集团以国储林建设为主线，进一步强化顶层设计，统筹规划参与福建林改的六大目标任务落地实施，统一组织各成员企业协调推进可落地、可盈利的项目科学地实施开展，从而推动集团战略在福建省的快速发展推广，实现森林生态产品价值的高水平转化，进而服务福建省的林改和乡村振兴，加快推动我国林业和生态产业的高质量发展。中林集团在福建全省范围内分三期建设总计200万亩国储林，涉及涵盖三明、龙岩两市在内的多个县区。同时，中林集团与国家开发银行、中国农业发展银行等金融机构积极接洽，争取最为优惠的贷款政策。

截至2021年6月，中林集团已全面参与重庆、广西、福建、广东等地总计达1 700万亩国家储备林项目建设，在加快国家储备林基地建设进程、提高木材生产供给能力、增加森林碳汇等方面发挥了重要作用。在重庆，500万亩国家储备林逐步构建起长江上游的绿色生态屏障

（图 20）；在广西，500 万亩国家储备林建设已实施落地；在广东，100多万亩人工速生林基地通过科学种植精准提升了林木质量，让曾经荒凉的土地变成林海绿洲。经测算，森林每生长 1 m³ 的蓄积量，平均能吸收 1.83 吨 t CO_2。培育森林资源、扩大森林面积、提高森林蓄积量是目前所有 CCS 技术中经济投入最少、耗能（额外排放）最低的实现途径。

图 20　重庆奉节三峡之巅国家储备林项目

2. 打造五大平台，全力发展森林碳汇

在国家"双碳"战略背景下，林业资源将成为我国实现 2060 年碳中和的核心支撑，并具有无法替代的作用。中林集团开展碳汇基础能力建设，建立碳汇发展专业团队；搭建碳汇技术服务平台，开展林草碳减排核算方法研究并参与制定相关核证技术标准；探索参与中央企业、地方政府碳汇林建设和管理，通过收购、合作、托管等方式成为全国碳资产主要供应商，并在三年内打造了覆盖碳汇核定在内的五大平台。

一是碳核定与碳盘点平台。与中国林业科学研究院、北京林业大学等科研机构合作，汇集国内相关行业专家，依托人工智能、机器人、现代传感器及 5G 通信等技术，建立符合 ICCP（国际符合性认证计划）规范的碳核定平台和全国最完备的森林碳汇数据库，为"双碳"战略提供了最有力的数据支撑。二是碳投资基金平台。与中国绿色碳汇基金会、国家开发银行等金融机构及高碳排放企业共同成立碳投资基金平台，进而吸引更多的碳基金，在全国范围内进行森林碳汇开发和投资。三是森林碳汇金融产品平台。与武汉交易所和上海交易所深度合作，推动森林碳汇产品的全国性发行与交易，使"绿水青山"真正变成"金山银山"。四是碳汇共同富裕平台。依托碳汇核定和金融平台，重点推动原贫困地区的经济发展，提升人民群众的收入，实现共同富裕。五是森林碳汇金融服务平台。为国内银行、保险等金融机构提供绿色金融服务，引导资金进入森林碳汇行业；同时，打通境内外金融通道，依托多种绿色融资工具，长期低成本地利用海外资金发展中国的森林碳汇资源。

3.延长产业链条，固碳于千家万户

木材制品只要还在使用，固定在其中的碳就基本不再释放，这种功能还不需要额外的赋能维持和经济投入，因此木材是高效廉价的碳封存体。中林集团拥有大量的海外林业资源，年进口木材占全国进口总量的比重长期维持在 20% 左右，拥有成熟的市场营销网络及相对较强的资本实力。木材进口到货港口（口岸）达到 30 个以上，2020 年进口木材达到 2 200 多万 m^3，是全球最大的木材经营商。

中林集团立足于俄罗斯远东地区的森林资源优势，利用绥芬河口岸、通道、产业基础优势，2014—2018 年，在绥芬河国林木业城分别建设国林园区一、二、三、四期工程，总占地面积近 70 万 m^2，建筑面积 45 万 m^2，高标准建设了 43 个标准厂房、6 个存储仓库、6 个制材车间、163 座干燥窑、商服门市及产品展示厅、物流配送、电子交易、金融服务、园区物业等产业综合服务配套设施，园区内水、电、路、通讯、

网络等基础设施配套齐全，逐步形成了面向全国的木业加工园区和服务平台。

中林集团依托中林镇江新民洲港提出打造"中国最大的木材专业港"的发展目标，完善港口发展空间布局，以新民洲港为重点，逐步形成辐射作用强的产业城，促进港工贸城协调发展，提出重点发展实木定制家居与儿童家具产业、木结构产业、实木地板和实木复合地板产业、乐器制造产业，辅助发展制材与干燥、热处理木材、集成材、生物质颗粒燃料项目。通过对原木进行多层次、多样性的初加工并与深加工相结合，为社会提供各种规格的锯材、家具、地板、建筑结构材料、生物质颗粒燃料等多种木制品，实现港、产、贸、城联动，既提高了木材的综合利用率，缓解了我国木材的供需矛盾，也有利于满足我国和世界对木材加工产品不断增长的消费需求。

4. 发展森林康养，"绿水青山"变"金山银山"

森林资源是林业发展的基础。人民对美好生活环境的需要，是当前林业供给侧结构性改革的重要内容。全面建成小康社会要求林业必须增加多元投入，加强生态保护修复，大力发展绿色产业，既要切实打好还欠账、增容量、提质量的生态攻坚战，也要增加经济总量、丰富优质生态产品和林产品供应，为稳增长、满足社会需求作出积极贡献。近年来，我国林业产业结构逐步优化，第一产业和第二产业稳中有进，以森林生态旅游和森林康养为代表的第三产业加速成长。

"十三五"末期，中林集团开始集中精力打造一批以森林公园为主，林业自然保护区和湿地公园为辅的森林旅游景区体系，复制推广"将优美的生态成果转化为良好的生态服务"的经验做法。在宁波商量岗，坚持生态优先、绿色发展，将生态文明建设理念融入景区建设全过程，率先在林业产业转型升级中践行"生态产业化、产业生态化"发展思路，满足了人民群众对优美生态环境的新期待（图21）。在浙江千岛湖、广西南宁，中林集团将森林资源与文化、康养、旅游有机融合，多地成功案例不断生动诠释着"绿水青山就是金山银山"的发展理念。

图21　宁波商量岗精品民宿

（三）统筹谋划、系统推进，以实际行动助力"双碳"目标实现

面对我国林业产业日益突出的供需矛盾，作为我国林业行业中的领军央企，中林集团及时调整发展战略，主动适应国资国企改革新形势和生态文明体制改革新要求，将企业定位于全球森林资源的经营者和实践者，明确了三大发展方向：为人民生活提供优质生态环境，为中小企业向产业生态化经营转型升级提供服务平台，为我国大水面环境提供健康保障，探索出了一条"生态产业化、产业生态化"的高质量发展之路，以实际行动助力"双碳"目标的实现。

1. 厚植国内森林资源基础

林业是国民经济的基础产业，木材则是与石油、粮食等同等重要、不可缺少的战略物资。作为全球第二大木材消耗国和第一大木材进口国，我国用占全球 5% 的森林面积和 3% 的森林蓄积支撑了占全球 20% 的人口日益增长的木材消费需求，木材安全形势十分严峻。多年来，中林集团自力更生、奋然前行，不断加大国内森林资源基地建设力度，通过储备林、天然林、速生林的资源并购和项目建设，牢牢掌握主动权，增强优质木材的储备和供给能力，不断藏木于林、藏富于林（图 22）。截至目前，中林集团在境内拥有林地资源森林蓄积量达 3 470 万 m³，林地资产市值约 644 亿元。林地碳汇量 470 万 t/a，预估碳汇资产价值 3.8 亿元 /a。到 2030 年，预计可实现境内碳汇交易林地约 3 263 万亩，森林蓄积量约 10 467 万 m³，林地资产价值约 1 300 亿元，碳汇量 2 240 万 t/a，碳汇资产价值约 18 亿元 /a。

图 22　桉树"速生林"项目

2. 打造产业综合服务平台

中林集团逐年扩大自身经营规模，增强我国木材企业在国际市场中的话语权，在对内稳定市场和对外贸易谈判方面都作出了积极贡献。近年来，中林集团抓住天然林禁伐后的国有林区改革和全国林业产能转移的机会，在沿江、沿边、沿海地区建设了 10 个重点港口和木材产业园区（图 23）。绥芬河国林木业城有效承接了东北国有林区产业转移的职能，创建"国林模式"，充分发挥中央企业的品牌影响力和行业带动力，将"小散乱脏污"企业集中到园区进行整合管理，打造集产供销平台、上下游衔接、境内外联动、金融服务于一体的全要素综合性服务平台，实现了产业链、供应链和资金链的"三链融合"，并将"国林模式"复制推广到江苏镇江、江西九江、重庆巴南、大连长兴岛等地区，将单一的园区模式优化升级为"以港兴城、以产兴城"互融互促的"港产城模式"，这一新型模式已带动全国近千家中小企业驶入绿色发展的快车道，培育了一大批以木材产业精深加工为重点的产业集群，引领林业产业发展模式实现由资源主导型向自主创新型、经营方式由粗放型向集约型、产业升级由分散扩张向龙头引领的转变。

图 23　华中国际木业产业园

3. 复制推广"千岛湖模式"

1999 年，中林集团取得千岛湖 80 万亩水面经营权。恰逢千岛湖大面积蓝藻暴发，中林集团发挥对生态系统的长期研究优势，提出了以水养鱼、以鱼净水的"保水渔业"模式，在浙江、安徽两省的支持下，多措并举，将千岛湖水体净化为国家一级水质。20年间，中林集团将千岛湖从普通水库打造成为名满天下的胜景，创造了"千岛湖鱼头""千岛湖旅游"巨大的品牌价值，将"绿水青山"变成了"金山银山"，既富了百姓，又美了家园，实现了社会效益、生态效益、经济效益三者的有机统一（图24）。以"保水渔业"为核心的"千岛湖模式"，为全国湖泊、水库生态资源开发提供了可借鉴、可复制、可推广的经验，成为践行"绿水青山就是金山银山"理念的成功典范。

图 24　"巨网捕鱼"千岛湖旅游"金名片"

目前，中林集团正积极扩展"千岛湖模式"，探索大水面湖泊水库综合利用开发路径，实施"一湖推十湖、十湖带百湖"战略，已在长江、黄河、淮河、嫩江等主要流域投资经营山东东平湖、新疆赛里木湖、江西鄱阳湖、吉林月亮湖、湖北陆水湖及富水湖等10余个湖泊，开发水域面积超过 1 700 多 km^2，为我国大水面生态保护和高质量发展贡献了央企力量。"千岛湖模式"的影响力不断扩大，成为全国大水面生态渔业的发展样本。

四、守正创新，生态绿色低碳产业发展建议

2021 年是"十四五"开局起步之年，我国生态产业仍然处于重要战略机遇期，准确把握新发展阶段、深入贯彻新发展理念、加快构建新发展格局、推动高质量发展是摆在中央企业面前光荣而艰巨的任务。伴随"双碳"时代来临后的广泛而深刻的经济社会变革，提高森林覆盖面积成为实现碳中和的重要手段，为加快林业碳汇发展，推动中林集团的转型升级、高质量发展提供了良好的市场环境和外部条件。生态绿色低碳产业正迎来前所未有的发展机遇，坚定走生态优先、绿色发展的高质量发展之路是历史的选择、人民的选择。中林集团坚持守正创新、勇毅前行，为促进我国生态绿色低碳产业发展贡献"中林方案"。

一是坚持党的全面领导，在生态产业建设中发挥主体作用。推进生态文明建设，很重要的一点就是要提供更多优质生态产品，不断满足人民日益增长的优美生态环境需要。要保证企业可持续发展就必须把党的领导融入公司治理各环节，做到党委把方向、管大局、促落实，董事会、经理层各司其职，明确所有权、管理权、经营权，充分激发其市场活力，增强其市场核心竞争力，在保护生态环境和提升自身实力的前提下，不断探索创新生态产业模式，更好地实现经济、生态、社会三者的有机统一。

二是创新绿色金融工具，以资本撬动助力高质量发展。在应对气候变化和绿色发展的大背景下，绿色投融资理念正迅速影响金融市场。迈向碳中和与实现绿色发展新时代，"绿色资本"的进入，特别是通过可调配的绿色金融工具来推动生态产业的长周期发展，将为绿色低碳转型提供有力支撑和巨大空间。要积极与国有政策银行共同创新融资模式，发

挥财政金融政策合力优势，助力国家储备林建设、国土绿化、木本油料产业发展等重点领域、重点项目；要通过金融资源配置，引导地方政府、相关企业等正确处理好长期效益和短期收益的关系，推动构建由绿色项目、绿色园区、绿色供应链、绿色产品、绿色企业等要素组成的绿色发展体系，在创新发展中获得市场机遇，实现多方生态效益、经济效益和社会效益的共赢。

三是坚守中央企业主责主业，打造国内最大的碳汇经营实体。中林集团作为全国唯一一家以林业为主业的中央企业，要更加聚焦生态产业发展的主业实业，充分发挥中央企业的独特优势，着力成为国内最大的碳汇经营实体。要发挥"领头雁"作用，汇集国内林业碳汇领域的专家团队，打造一条覆盖碳汇核定、碳汇投资、碳汇发行和碳汇金融的全产业链服务平台，引导更多的国内外资金进入森林开发，建立碳汇交流合作新机制，创新开展"绿碳"交易，进一步发挥林业产业与绿色经济融合发展的叠加效应，推动国家绿色低碳战略，助力共同富裕。

四是锚定实现"双碳"目标，创新绿色低碳发展模式。我国实现"双碳"目标任重道远，需要全社会、政府和企业齐心协力才能实现。作为国家林业产业的"排头兵"，要以全面绿色低碳转型为发展目标，把业务模式创新作为碳达峰、碳中和的重要途径，把技术创新作为模式创新的根本，分类推动产业创新、商业模式创新。要结合国家"十四五"发展规划及国家重大发展战略，积极融入服务国家"双碳"战略，以全面参与福建省林业综合改革为切入点，开展林业改革试点政策研究及碳金融产品的创新应用研究，以中央企业"双碳"绿色发展平台、国家储备林工程技术研究中心和中国碳金融研究院的打造建立助力"双碳"目标的实现。

　　五是深化供给侧结构性改革，让更多"绿水青山"变成"金山银山"。供给侧结构性改革是党的十八大后党中央在综合分析世界经济长周期和我国经济发展新常态的基础上作出的重大决策，是当前和今后一个时期我国经济发展和经济工作的主线。城乡居民对生态产品的需求、质量、档次和服务要求的不断提高，要求我们加快扩大优质、高端的生态类消费品服务供给，以适应以优美生态环境为依托的森林康养、生态旅游、生态食品等消费需求迅速扩大升级的趋势，依托国内外可控的绿水青山加快开发多样化的生态产品和服务，借助"一带一路"建设和乡村振兴战略，推动以林业为主的生态产业供给体系在质量和效率上的全面提升，形成持续、稳定、健康的有效供给。